Jorge Gómez
Velssy Hernández
Daniel Salas

DESENHO E IMPLEMENTAÇÃO DE ONTOLOGIAS EM JAVA E APACHE JENA

Jorge Gómez
Velssy Hernández
Daniel Salas

DESENHO E IMPLEMENTAÇÃO DE ONTOLOGIAS EM JAVA E APACHE JENA

Construção e implantação de ontologia em Java

ScienciaScripts

Imprint

Any brand names and product names mentioned in this book are subject to trademark, brand or patent protection and are trademarks or registered trademarks of their respective holders. The use of brand names, product names, common names, trade names, product descriptions etc. even without a particular marking in this work is in no way to be construed to mean that such names may be regarded as unrestricted in respect of trademark and brand protection legislation and could thus be used by anyone.

Cover image: www.ingimage.com

Este livro é uma tradução do original publicado sob ISBN 978-620-3-03102-7.

Publisher:
Sciencia Scripts
is a trademark of
International Book Market Service Ltd., member of OmniScriptum Publishing Group
17 Meldrum Street, Beau Bassin 71504, Mauritius
Printed at: see last page
ISBN: 978-620-3-40245-2

SOBRE OS AUTORES:

Jorge Gómez Gómez

Engenheiro de Sistemas, recebeu um Mestrado em Engenharia Telemática na Universidade do Cauca Colômbia em 2010, Doutoramento em Tecnologias da Informação e Comunicações na Universidade de Granada Espanha em 2018, professor a tempo inteiro do programa de Engenharia de Sistemas - Universidade de Córdoba, Membro do IEEE Branch. Interesses de investigação: Ubiquitous Computing and Advanced Services in Telecommunications. Investigador do grupo de investigação SOCRATES - Universidade de Córdoba.

Velssy Hernández Riaño

É Engenheira de Sistemas e tem um Mestrado em Engenharia Telemática da Universidade Francisco José de Caldas, Colômbia. É Professora e Investigadora do grupo de investigação SOCRATES do Departamento de Engenharia de Sistemas da Universidade de Córdoba.

Daniel Salas Álvarez

Engenheiro de Sistemas e Mestre em Informática, com 22 anos de experiência no Ensino Universitário, como investigador publiquei 3 livros, mais de 20 publicações científicas, com experiência no desenvolvimento e coordenação de projectos de incorporação das Tecnologias de Informação e Comunicação no ensino básico e no ensino superior. Fui reitor da Faculdade de Engenharia da Universidade de Córdova, durante cinco anos, 10 anos como director do Grupo de Investigação SOCRATES, editor da Revista Engenharia e Inovação durante 3 anos, Vice-Chanceler Académico (e), Reitor (e) em várias ocasiões, participei em comissões de peritos no Ministério da Educação Nacional, 12 anos de experiência como par académico no Ministério da Educação Nacional, Par Académico do CNA e quatro (4) anos de experiência como Par Académico em Colciencias. Actualmente participo no IEEE com o número de membro 95671027, membro da Rede de Iniciativa de Aprendizagem Inclusiva e da Rede Mundial de Investigadores, AuthorAID, Membro Fundador da Cava do Congresso Internacional.

SÍNTESE

A utilização de ontologias para representação de dados é uma ampla linha de investigação dentro da inteligência artificial. As ontologias são utilizadas para representar o conhecimento de modo a que possa ser interpretado por sistemas informáticos. As aplicações das ontologias são variadas, desde a representação de dados para a web semântica, sistemas especializados e outros. Este livro explica inicialmente as metodologias mais comuns para o desenvolvimento de ontologias, desde a metodologia simples, passando pelo Esqueleto, até chegar ao NeON, cada uma tem as suas próprias características que a tornam útil dependendo do problema a ser modelado e da adopção do engenheiro do conhecimento. A seguir, é proposto um modelo de representação semântica para descrever um ambiente universitário, depois é construída uma ontologia em Protegé. Finalmente, Java e Apache Jena são utilizados para executar consultas de desktop e serviços web.

O leitor terá uma experiência imersiva no desenvolvimento de ontologias, de tal forma que mesmo que não saiba muito sobre o assunto, uma vez que comece com os fundamentos teóricos e aspectos relacionados com as propriedades das ontologias, será capaz de desenvolver uma ontologia passo a passo a partir do zero. É importante salientar que a gestão das ontologias tem um grande campo de acção no mundo da inteligência artificial, pelo que recomendamos aos leitores, que quando terminarem de ler e executar os guias deste livro, continuem a reforçar estes conhecimentos em problemas de maior complexidade e os apliquem em ambientes reais.

Conteúdo

CAPÍTULO I: FUNDAMENTOS TEÓRICOS 5

1. Metodologias para o desenvolvimento da Ontologia 5

1.1. Metodologia de Engenharia do Conhecimento Simples (Noy and MacGuinness, 2001) 6

1.2. METODOLOGIA DO ESQUELETO 7

1.3. METONTOLOGIA 8

1.4. Metodologia On-To-Knowledge (Staab et al., 2001) 9

1.5. METODOLOGIA DILIGENTE 11

1.6. METODOLOGIA NEON 12

CAPÍTULO II: MODELAGEM PARA UM CENÁRIO DE APRENDIZAGEM 14

2. Componentes de ontologia 15

Os indivíduos representam objectos no domínio de interesse e são também conhecidos como instâncias. 15

2.1. Imóveis em OWL 15

2.2. Aulas em OWL 15

2.3. Lógica descritiva e OWL 15

2.4. Lógica descritiva 15

2.5. Lógica descritiva 16

2.6. Correspondência entre OWL e DL 16

2.7. Relacionamentos e entidades 17

2.8. Metodologia aplicada para o desenvolvimento da ontologia 17

2.9. Proposta de ontologia 19

2.9.4. Ontologias a serem reutilizadas nesta proposta de doutoramento 31

CAPÍTULO III: CONSTRUÇÃO DE ONTOLOGIAS DE CORUJA EM PROTEGÉ 34

3. Requisitos 34

CAPÍTULO IV: ONTOLOGIAS DE PROGRAMAÇÃO EM JAVA E APACHE JENA 61

4.1. Desenvolver Consultas de Ontologia em Netbeans 64

4.2. GESTÃO ONTOLÓGICA COM UM SERVIÇO WEB DESCANSADO COM JAVA..84

4.3 Criação de Serviço Web para uso Ontologico 109

Referências 127

CAPÍTULO I: FUNDAMENTOS TEÓRICOS

1. Metodologias para o desenvolvimento da Ontologia

O processo de desenho ontológico requer uma metodologia para o seu desenvolvimento. Esta secção descreve brevemente as metodologias existentes na literatura, a partir do que se pode observar nas metodologias, a maioria das ontologias têm as mesmas fases e as actividades são repetidas. A figura 1 mostra o ciclo de vida genérico para o desenvolvimento de ontologias.

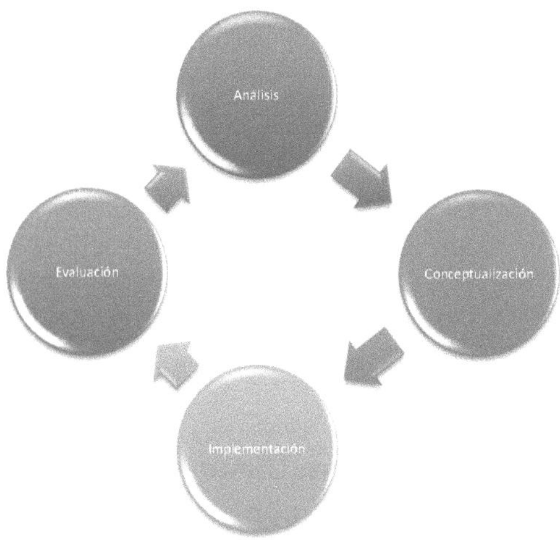

Figura 1 Ciclo de vida de desenvolvimento ontológico

Segue-se uma breve explicação do processo geral para o desenvolvimento de uma ontologia, que consiste em quatro fases:
- Fase de análise: Esta fase contempla a finalidade da ontologia que permitirá definir o âmbito, domínio, e reutilização da ontologia.
- Fase de conceptualização: Nesta fase, é definido um modelo conceptual que descreve a ontologia a desenvolver, onde deve estar em conformidade com a especificação obtida na fase anterior. A conceptualização consiste em organizar e converter uma percepção informal de um domínio numa especificação semi-formal, utilizando representações intermédias tais como diagramas ou tabelas, que podem ser compreendidas por especialistas em domínios e criadores de ontologias. Diferentes metodologias propõem a utilização de diferentes modelos conceptuais,

desde modelos informais incompletos, como os mapas mentais utilizados em (Sure et al., 2002) até modelos semi-formais, como o diagrama de relação binária ou o dicionário de conceitos proposto em (Fernandez et al., 1999).

- Implementação: Refere-se à representação explícita dos conhecimentos adquiridos na fase anterior, numa língua formal. Ou seja, implica a geração de modelos computacionais de acordo com a sintaxe de uma linguagem de representação formal como RDF(S), OWL e FLogic, entre outros.
- Avaliação: Consiste em fazer um julgamento técnico da ontologia, do seu ambiente de software associado e da documentação contra uma estrutura durante cada fase e entre fases do seu ciclo de vida (Gomez et al., 1995). O quadro de referência pode incluir especificações de requisitos, questões de competência e/ou o mundo real.

Há muitas metodologias existentes, neste artigo apenas descrevemos brevemente algumas delas, começando com a metodologia simples de engenharia do conhecimento, SKELETAL, METONTOLOGY, **On-To-Knowledge,** DILIGENT e terminando com a Metodologia NEON.

1.1. Metodologia de Engenharia do Conhecimento Simples (Noy and MacGuinness, 2001)

Passo 1. determinar o âmbito e domínio da ontologia. O desenvolvimento da ontologia começa pela definição do domínio e do âmbito da ontologia. As perguntas de competência (Gruninger e Fox 1995) podem ser utilizadas para determinar o domínio e o alcance da ontologia, definindo um conjunto de perguntas que a ontologia deve ser capaz de responder, através da sua base de conhecimentos.

Passo 2: Considerar a reutilização de ontologias existentes. É importante verificar as fontes existentes para o domínio de interesse. Especialmente se o sistema a ser desenvolvido necessitar de interacção com outras aplicações que envolvam ontologias ou vocabulários específicos.

Passo 3. Especificar termos importantes na ontologia. Fazer uma lista completa de termos facilita a identificação dos conceitos a serem representados, bem como as suas propriedades e relações entre eles.

Passo 4. Definir classes e hierarquia de classes. A partir de diferentes abordagens que permitem o desenvolvimento de hierarquias de classes, é possível definir os conceitos mais gerais e específicos no domínio (Uschold e Gruninger 1996), tais como os processos *top-down*, *bottom-up* e o processo que combina os dois anteriores, entre outros.

Passo 5. definir as propriedades das classes de slots. As aulas por si só não fornecem informação suficiente para responder às perguntas do passo 1. Uma vez definidas algumas das aulas, é necessário descrever a estrutura interna dos conceitos. Depois seleccionar as classes da lista de termos, que foi criada no passo 3. A maioria dos restantes termos são provavelmente as propriedades destas classes. Para cada bem da lista, é necessário determinar qual a classe que descreve. Em geral, existem vários tipos de propriedades dos objectos que podem tornar-se ranhuras numa ontologia: i) propriedades intrínsecas, ii) propriedades extrínsecas, iii) relações com outros indivíduos; estas são as relações entre os membros individuais da classe e outros elementos.

Passo 6. Definir as facetas das ranhuras. As ranhuras podem ter diferentes facetas que descrevem o tipo de valor, os valores permitidos, o número de valores (cardinalidade), e outras características dos valores das ranhuras que podem tomar. As mais comuns são: a) Cardinalidade de ranhuras, que define quantas ranhuras pode ter. Alguns sistemas distinguem apenas entre cardinalidade única, permitindo no máximo um valor, e cardinalidade múltipla permitindo qualquer número de valores. b) Tipo de valor descreve que tipos de valores podem preencher a ranhura, por exemplo, string, numérico, tipo de exemplo, e enumerado. c) Domínio e intervalo de uma ranhura, as classes permitidas para ranhuras tipo Instância são muitas vezes chamadas intervalo de uma ranhura. As classes a que uma ranhura está ligada, ou a uma classe que descreve a propriedade de uma ranhura, são chamadas o domínio da ranhura.

Passo 7.Criar instâncias. O último passo é a criação de instâncias individuais de classes na hierarquia. Definir uma instância individual de uma classe requer, escolher uma classe, criar uma instância individual dessa classe e preencher os valores da ranhura.

1.2.   METODOLOGIA DO ESQUELETO

Esta metodologia define um conjunto de passos necessários para a compreensão e construção da ontologia (Uschold and King, 1995). A fim de identificar e definir os conceitos-chave de conceitos e relações baseados em termos de linguagem natural. Skeletal propõe os quatro passos seguintes:

Passo 1: Identificar o objectivo da ontologia. É necessário identificar porque é que a ontologia está a ser construída e os seus possíveis usos, assim como a gama de utilizadores da ontologia. As perguntas de competência permitem-lhe identificar o objectivo da ontologia em termos específicos.

Passo 2: Construção ontologica. A construção da ontologia requer três passos: captura, codificação e integração das ontologias existentes.

A captura ontológica refere-se a:

1. identificação dos conceitos-chave e das relações no domínio.

2. Produção de definições precisas e inequívocas para tais conceitos e relações.

3. Identificação de termos para se referir a tais conceitos e relações.

A codificação consiste em representar explicitamente a conceptualização capturada na fase anterior numa linguagem formal. Isto envolve a escolha de uma meta-ontologia, uma linguagem de representação e a geração do código.

A integração de ontologias existentes é um ponto-chave para desenvolver uma ontologia que possa ser partilhada entre múltiplas comunidades de utilizadores. No entanto, é um problema complexo, uma vez que requer acordos explícitos de todos os pressupostos subjacentes às ontologias a integrar.

Passo 3. Avaliação. Um julgamento técnico das ontologias, ambiente de software associado e documentação deve ser feito contra especificações de requisitos, questões de competência e o mundo real.

Passo 4. Documentação. Sugere documentar os principais conceitos definidos na ontologia e os primitivos utilizados para expressar as definições na ontologia, também chamada metaontologia.

1.3. METONTOLOGIA

A metontologia permite a construção de ontologias através da identificação das actividades necessárias no processo de desenvolvimento da ontologia, o ciclo de vida baseado em protótipos evolutivos e técnicas particulares para realizar, utilizar e avaliar as actividades geradas no processo de desenvolvimento (Gómez-Pérez et al., 2003).

No processo de desenvolvimento da ontologia, as actividades podem ser classificadas em três categorias Figura 2: a) actividades de gestão, b) actividades orientadas para o desenvolvimento e c) actividades de apoio.

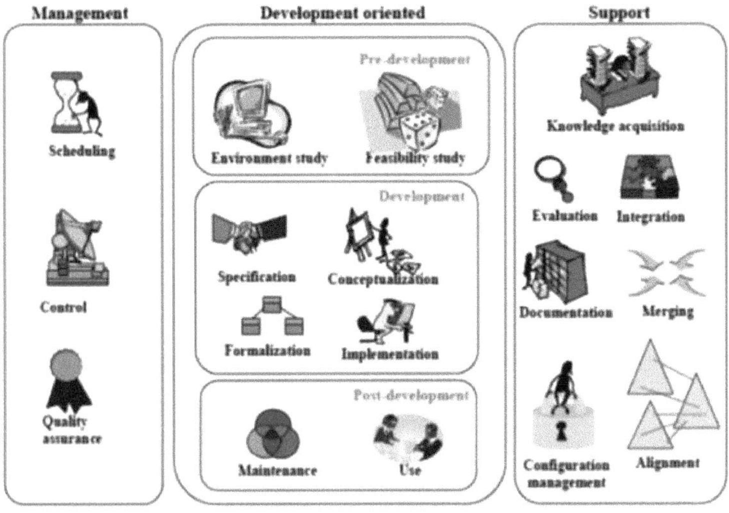

Figura 2. processo de desenvolvimento ontológico (Gómez-Pérez et al., 2003).

O processo de desenvolvimento da ontologia não identifica a ordem em que as actividades devem ser realizadas. Por conseguinte, o ciclo de vida determina quando as actividades devem ser realizadas. Ou seja, identifica o conjunto de etapas ao longo das quais a ontologia se move durante a sua vida; descrevendo que actividades devem ser realizadas em cada etapa e como estas etapas estão relacionadas.

1.4. Metodologia On-To-Knowledge (Staab et al., 2001)

A metodologia On-To-Knowledge (Staab et al., 2001) permite a construção de ontologias orientadas para a gestão do conhecimento. Os processos de desenvolvimento da metodologia são: estudo de viabilidade, iniciação, refinamento, avaliação e manutenção Figura 3.

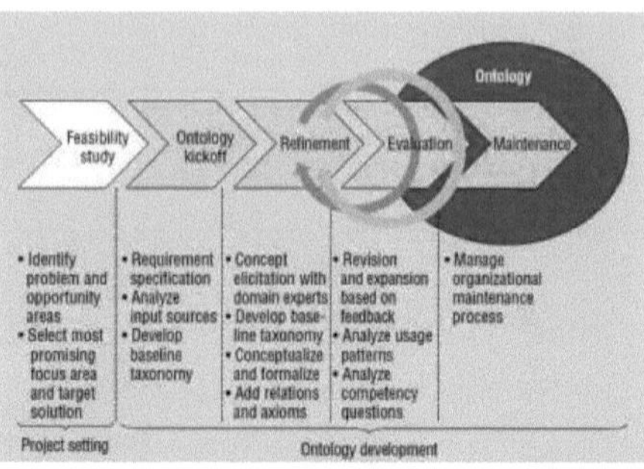

Figura 3. processo de desenvolvimento ontológico On-To-Knowledge. Adaptado de (Stabb, 2001).

Deve ser realizado um estudo de viabilidade para identificar áreas problemáticas ou de oportunidade e possíveis soluções. O estudo de viabilidade pode ajudar a determinar a viabilidade económica e técnica do projecto, e deve ser realizado antes de a ontologia ser desenvolvida, pois serve de base para a fase de arranque. A iniciação ontológica deve gerar um documento de especificação de requisitos ontológicos. Deve também orientar um engenheiro de ontologia nas decisões sobre inclusão, exclusão e estrutura hierárquica de conceitos na ontologia. Nesta fase inicial, é necessário procurar por ontologias já desenvolvidas e potencialmente reutilizáveis.

Na fase de aperfeiçoamento é obtida uma ontologia alvo madura e orientada para a aplicação, de acordo com a especificação gerada na fase anterior. Está dividido em diferentes subfases:

- Compilação de uma taxonomia informal de referência contendo os conceitos relevantes dados durante a fase de iniciação.
- Obter conhecimentos especializados de domínio com base no input inicial da taxonomia de referência, para desenvolver uma ontologia de sementes contendo conceitos relevantes e descrevendo as relações entre eles.
- Transferência da ontologia da semente para a ontologia alvo usando linguagens de representação formal.

A fase de avaliação permite verificar se a ontologia alvo satisfaz o documento de especificação dos requisitos da ontologia e se a ontologia apoia ou responde às questões de competência analisadas na fase de iniciação do projecto. Atingir o nível especificado na ontologia alvo pode exigir vários ciclos de avaliação e aperfeiçoamento.

Finalmente, a fase de manutenção actualiza as alterações nas especificações da ontologia, desenvolvendo novas versões, e testa a ontologia no ambiente da aplicação alvo.

1.5. METODOLOGIA DILIGENTE

Diligent (Pinto et al., 2004) é uma metodologia para o desenvolvimento de ontologias de forma distribuída, fornecendo apoio a peritos de domínio que podem trabalhar em colaboração e geograficamente dispersos. O processo de desenvolvimento inclui cinco actividades principais: (1) construção, (2) adaptação local, (3) análise, (4) revisão, (5) actualização local.

A actividade de construção é realizada tendo em conta peritos de domínio, utilizadores, engenheiros do conhecimento e engenheiros de ontologia, que esboçam uma ontologia inicial Figura 4. Uma vez que a ontologia esteja disponível, os utilizadores podem adaptá-la localmente para os seus propósitos particulares. Na fase de análise, são identificadas semelhanças nas ontologias dos utilizadores, e as diferentes necessidades dos utilizadores são tidas em conta para satisfazer as suas necessidades em evolução. A figura 4 mostra os papéis e funções da metodologia.

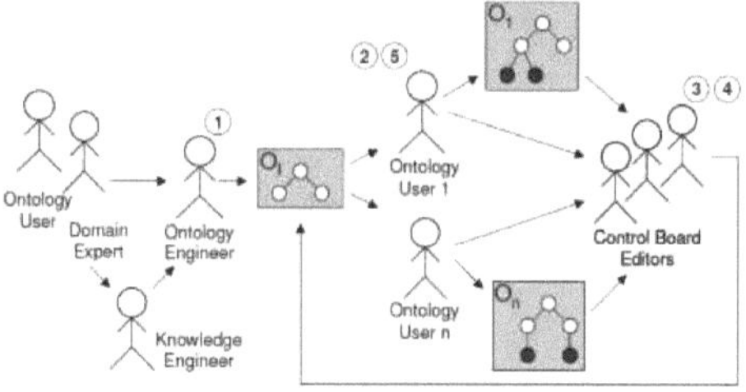

Figura 4: Papéis e funções do Diligent. Adaptado de (Pinto et al., 2004)

O *conselho* deve rever regularmente a ontologia partilhada, para que as ontologias locais não se afastem demasiado da ontologia partilhada. Por conseguinte, a direcção deve ter uma participação equilibrada e representativa dos diferentes tipos de participantes envolvidos no processo. Quando uma nova versão da ontologia partilhada estiver disponível, os utilizadores podem actualizar as suas próprias ontologias locais para melhor utilizar os conhecimentos representados na nova versão. Os utilizadores podem reutilizar os novos conceitos representados na nova versão, em vez de utilizarem os seus conceitos correspondentes previamente definidos localmente.

1.6. METODOLOGIA NEON

A metodologia NeOn utiliza como estratégia de solução, a decomposição de um problema geral em diferentes sub-problemas a resolver (Suárez, 2010). Esta metodologia permite a construção de redes ontológicas baseadas em cenários, que são compostas por processos e actividades. Para obter a solução para o problema geral, ou seja, o desenvolvimento de uma rede ontológica, as soluções para os diferentes sub-problemas, representados em nove cenários, devem ser combinadas na Figura 5.

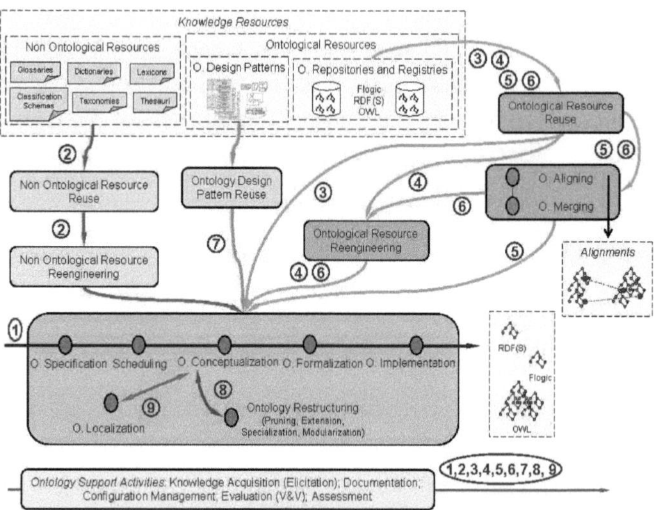

Figura 5 Cenários para a construção de ontologias e redes de ontologia. (Suarez, 2010)

Os nove cenários mais comuns que podem ocorrer durante o desenvolvimento de redes ontológicas são os seguintes:

Cenário 1: da especificação à implementação. A rede ontológica é desenvolvida de raiz, ou seja, sem reutilizar os recursos de conhecimento disponíveis.

Cenário 2: reutilização e reengenharia de recursos nãoontológicos. Os criadores de ontologias devem realizar o processo de reutilização de recursos nãoontológicos para decidir, de acordo com os requisitos ORSD (documento de especificação de requisitos ontológicos), quais os NORs (non-ontology resource reuse) que podem ser reutilizados para construir a rede de ontologias. Depois, os NORs seleccionados devem ser redesenhados em ontologias.

Cenário 3: Reutilização de recursos ontológicos. Os criadores de ontologias utilizam recursos ontológicos (ontologias em geral, módulos ontológicos e/ou declarações ontológicas).
Cenário 4: reutilização e reengenharia de recursos ontológicos. Os criadores de ontologias reutilizam e reengenharia de recursos ontológicos.
Cenário 5: reutilização e fusão de recursos ontológicos. Este cenário é desenvolvido apenas nos casos em que vários recursos ontológicos no mesmo domínio são seleccionados para reutilização e quando os criadores de ontologias querem criar um novo recurso ontológico a partir de dois ou mais recursos ontológicos.
Cenário 6: reutilização, fusão e reengenharia de recursos ontológicos. Os criadores de ontologias reutilizam, fundem e reengenharia de recursos ontológicos na construção de redes de ontologias. Este cenário é semelhante ao Cenário 5; contudo, aqui os programadores decidem não utilizar o conjunto combinado de recursos como está, mas redesenhá-lo.
Cenário 7: reutilização de padrões de desenho ontológico (ODP). Os criadores de ontologia acedem aos repositórios ODP para os reutilizar.
Cenário 8: Reestruturação dos recursos ontológicos. Os criadores de ontologias reestruturam (modularização, poda, extensão e/ou especialização) os recursos ontológicos para os integrar na rede de ontologias que está a ser construída.
Cenário 9: Localização de recursos ontológicos. Os criadores de ontologias adaptam uma ontologia a outras línguas e comunidades culturais, obtendo uma ontologia multilingue.

CAPÍTULO II: MODELAÇÃO DE UM CENÁRIO DE APRENDIZAGEM

Ao modelar o contexto, é importante ter em conta algumas características da informação contextual, como sugerido por (Henricksen et al, 2002):

- A informação do contexto mostra uma gama de características temporais, estas podem ser estáticas ou dinâmicas. No caso de informação estática, a informação será sempre invariante, por exemplo, a data de nascimento de uma pessoa. Normalmente a informação do contexto está a mudar, o que implica a utilização de características dinâmicas, isto pode ser a localização de um estudante, as actividades de aprendizagem a serem realizadas num determinado momento, entre outras.
- A imperfeição da informação do contexto. A informação pode estar incorrecta se a modelação não reflectir o verdadeiro estado do mundo, inconsistente se contiver informação contraditória, ou incompleta se alguns aspectos do contexto não forem conhecidos. Por conseguinte, é importante considerar todos os aspectos relacionados com o contexto, para evitar que estes conduzam a uma má modelação.
- O contexto tem muitas alternativas de representação. O modelo de contexto deve apoiar múltiplas representações do mesmo contexto, em diferentes formas e a diferentes níveis de abstracção, e deve estar disponível para captar a relação que existe entre as alternativas de representação.
- A informação do contexto está altamente inter-relacionada. A informação do contexto pode ser relacionada por derivações de regras, que descrevem como a informação é obtida por um ou mais pedaços de informação.

Como resultado da revisão inicial da literatura sobre sistemas de aprendizagem que respondem às necessidades de interacção do aprendente e do sistema, a modelação baseada em ontologia é adoptada como a técnica mais apropriada para a gestão do contexto. As ontologias permitem o intercâmbio de conhecimentos, fornecendo uma especificação formal da semântica dos dados. Permitir que entidades heterogéneas e distribuídas em ambientes móveis e ubíquos troquem informações (Bettini et al., 2010). Abordagens ontológicas baseadas na utilização da linguagem OWL, melhorar o suporte do raciocínio automatizado permitindo a representação de dados complexos; fornecer uma semântica formal para dados de contexto que permita a partilha e/ou integração de contexto entre diferentes fontes; fornecer ferramentas de raciocínio para verificar a consistência de um conjunto de relações descrevendo uma situação contextual e, finalmente, e mais importante, a caracterização de um contexto mais abstracto a partir do reconhecimento de um conjunto de dados contextuais e das suas inter-relações, por exemplo, o reconhecimento automático da actividade do utilizador (Perera et al, 2014; Bettini et al, 2010).

O objectivo do desenvolvimento desta ontologia é gerar um modelo semântico que represente todos os elementos encontrados num ambiente de aprendizagem, para que possa ser interpretado e processado. A fim de responder às necessidades educacionais dos estudantes sob os princípios da aprendizagem activa, de tal forma que permita gerar interacção entre os estudantes e o contexto.

2. Componentes de ontologia

Os indivíduos representam objectos no domínio de interesse e são também conhecidos como instâncias.

2.1. Imóveis em OWL

As propriedades são relações binárias sobre indivíduos e podem ser inversas, transitivas ou   simétricas.

2.2. Aulas na OWL

As classes OWL são entendidas como conjuntos que contêm indivíduos e podem ser organizadas dentro de uma hierarquia de classes e subclasses conhecidas como taxonomia. As aulas são também conhecidas como conceitos, uma vez que são uma representação concreta de conceitos.

2.3. Lógica descritiva e OWL

Lógica de primeira ordem

A base que garante a pureza lógica das ontologias é a lógica de primeira ordem. A lógica descritiva (DL), bem como a OWL, baseiam-se nela.

Porque usamos lógica descritiva: A lógica de primeira ordem é indecidível (é fácil de afirmar coisas sobre objectos, mas computacionalmente complexa) Requer uma linguagem formal para construir e combinar definições de categoria (por exemplo, relações de subconjunto e superconjunto) Os raciocinadores semânticos baseiam-se nela: FACT++, Rancer, Pellet, ...

2.4. Lógica descritiva

Línguas de representação do conhecimento

O DL foi concebido como uma extensão de estruturas e redes semânticas, equipadas com semântica baseada na lógica.

Características :

Um formalismo descritivo: conceitos, papéis (relações), indivíduos.
Um formalismo terminológico: axiomas que descrevem propriedades genéricas.
Um formalismo assertivo: introduz as propriedades dos indivíduos.

2.5. Lógica descritiva

Principais tarefas de inferência com lógica descritiva:

Subconsumo (verificar se uma categoria é um subconjunto de outra)

Classificação (verificar se um objecto pertence a uma categoria)

Exemplo: Solteiro= Y(NotMarried, Adult, Adult, Male) Solteiro(x)=> NotMarried(x)YAdult(x)YMale(x) (primeira ordem lógica)

Exemplo: realiza a classificação automática (realizada pelo motor de inferência de linguagem-razoeiro) em tempo de funcionamento.

2.6. Correspondência entre OWL e DL

Arquitectura DL

Lógica descritiva : TBOX

Tbox: contém afirmações terminológicas gerais. Vocabulário de um domínio de aplicação baseado em: Conceitos, papéis, etc. São de dois tipos.

Lógica descritiva : TBOX

Abox: contém afirmações (instâncias) sobre elementos concretos e relações do domínio. Ou seja, são afirmações sobre indivíduos que utilizam vocabulário.
Dois tipos:

Formalizar em DL e depois em OWL DL

Definição de conceitos.

A relva e as árvores são plantas. As folhas fazem parte da árvore, mas existem outras partes de uma árvore que não são folhas. Um cão deve pelo menos comer ossos. Uma ovelha é um animal que só deve comer erva. Uma girafa é um animal que só deve comer folhas. As vacas loucas só comem cérebros que pertencem a ovelhas.

Restrições:

Os animais são disjuntos com as plantas.

Propriedades:

A comida é aplicada aos animais e o seu inverso é comido_by.

Indivíduos Tom Flossie é uma vaca Rex é um cão e é o cão de estimação do Mick Fido é um cão Tibbs é um gato

2.7. Relacionamentos e entidades

As entidades, também chamadas conceitos, representam os elementos do contexto. O conceito representa um grupo de diferentes indivíduos que partilham características comuns, que podem ser mais ou menos específicas. A classe tem uma série de propriedades que permitem a sua definição. A figura 1 mostra a convenção da representação. Para efeitos desta ontologia, as principais classes são:

- Estudante
- Professor
- Dispositivo
- Actividade
- Objecto de aprendizagem
- Clima
- Localização
- Planeamento
- Evento
- Papel

As relações descrevem as interacções entre conceitos ou propriedades de uma entidade.

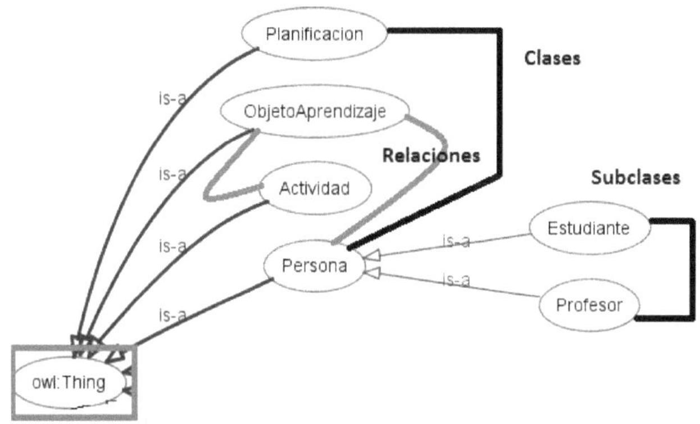

Figura 1. esquema de representação ontologica

2.8. Metodologia aplicada para o desenvolvimento da ontologia

Para efeitos do desenvolvimento desta tese de doutoramento, a metodologia NeoN foi tomada como referência, porque propõe a utilização de redes ontológicas, o que facilita a criação de novas ontologias a partir das existentes.

Além disso, propõe um guia metodológico que permite trabalhar em pormenor processos e actividades relacionadas com a criação e reutilização de ontologias. Nesta tese de doutoramento é adoptada a metodologia NeOn, porque permite a reutilização das ontologias existentes, para a ajustar ao modelo de rede ontológica do sistema de sensibilização contextual proposto neste trabalho.

Ao adoptar a metodologia NeOn, alguns dos cenários propostos para o desenvolvimento da ontologia são tomados. Em primeiro lugar, será abordado o cenário 1, depois serão considerados os cenários 3 e 5.

- **Desenvolvimento de redes ontológicas, desde a especificação até à implementação**. Como o objectivo deste trabalho é desenvolver uma ontologia que permita ao estudante interagir com o seu ambiente sob o conceito de consciência contextual e que, por sua vez, o ambiente facilite as actividades de aprendizagem. Para atingir este objectivo, a metodologia NeOn requer, em primeira instância, que o cenário 1 seja obrigatório para o desenvolvimento da ontologia, o que permitirá definir quais os elementos a integrar na rede ontológica. Em seguida, dados os problemas colocados, são definidas as ontologias seleccionadas para construir a rede ontológica que permitirá descrever a base de conhecimentos do sistema. A figura 2 mostra a rede ontológica.

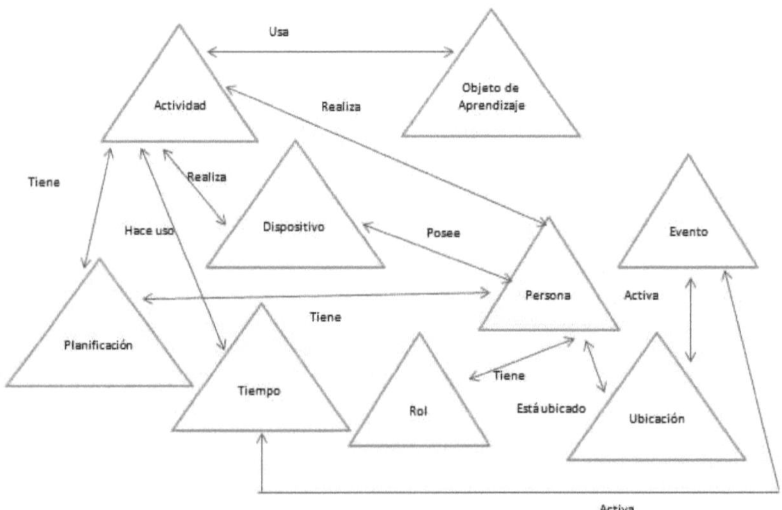

Figura 2 Rede ontológica para um sistema sensível ao contexto

A rede ontológica para um sistema consciente do contexto que permite ao aprendente interagir com o contexto é brevemente descrita abaixo: as pessoas estão localizadas num Local, a pessoa tem um papel, por exemplo quatro pessoas estão localizadas na sala de aula, onde cada uma destas pessoas está a desenvolver um papel diferente, pessoa 1, pessoa 2, pessoa 3 são estudantes e pessoa 4 é o tutor, portanto, de acordo com a situação a pessoa executa um determinado papel, a pessoa executa uma actividade, por exemplo pessoa 1, pessoa 2, pessoa 3 está a fazer a actividade 1, pessoa 4 está a fazer a actividade 2, actividade faz uso de objecto de aprendizagem, actividade 1 faz uso de objecto de aprendizagem1, actividade faz uso do tempo, actividade 1 dura 1 hora, uma pessoa tem um dispositivo que lhe permite realizar actividades de aprendizagem. Uma actividade de aprendizagem tem um planeamento a ser feito num determinado período de tempo. Uma actividade de aprendizagem pode utilizar 1 ou mais objectos de aprendizagem. Um evento pode ser desencadeado num determinado período de tempo, um local, uma acção realizada por uma pessoa, que pode levar a uma notificação para realizar uma actividade de aprendizagem.

2.9. Proposta de ontologia

Este modelo permitirá estruturar o conjunto de relações e entidades envolvidas para um ambiente de aprendizagem inteligente. Assim, permitindo gerar um vocabulário compreensível para todo o sistema. Isto permitirá que a informação contextual forneça ao sistema sensível ao contexto funcionalidades de adaptação baseadas nas situações que surgem num ambiente educativo, as especificações são mostradas no Quadro 1.

Quadro 1: Especificação dos requisitos ontológicos (Suárez-Figueroa, 2010)

1	Finalidade
	O objectivo da construção da ontologia é modelar o contexto do aprendente num ambiente inteligente. Permitir aos estudantes o acesso a recursos de aprendizagem, sendo a informação adaptada às necessidades de cada estudante, com base em dados contextuais.
	Alcance
	A rede ontológica permite gerar a base de conhecimentos que permite responder às necessidades de interacção do estudante e do seu ambiente de aprendizagem. Para tal, a rede ontológica inclui os subdomínios de: localização, tempo, dispositivo, objectos de aprendizagem, pessoa, actividade, ambiente, papel e ambientes.
	Linguagem de implementação
	A ser implementado em OWL e SWRL e desenvolvido em Protege 5.0

	Utilizações finais pretendidas
	Estudantes e professores
5	**Usos Pretendidos**
	A ontologia é utilizada para definir a informação contextual de um ambiente de aprendizagem inteligente. Isto proporcionará uma consciência contextual do ambiente, permitindo enriquecer a experiência do aprendente ao fornecer informação que é gerada a partir da interacção com o contexto. Segue-se uma lista de algumas das utilizações: - Acrescentar, modificar e apagar perfil do estudante e informação sobre funções - Acrescentar, alterar e apagar informação relacionada com o papel da pessoa - Adicionar, modificar e apagar informação relacionada com a informação do dispositivo - Adição, modificação e eliminação de informação relacionada com objectos de aprendizagem - Adicionar, modificar e apagar informação relacionada com as actividades de aprendizagem que os estudantes irão realizar - Adicionar, modificar e apagar informação relacionada com os horários de trabalho dos estudantes - Adição, modificação e eliminação de informação relacionada com ambientes de aprendizagem, isto refere-se aos ambientes físicos onde o aluno realizará actividades de aprendizagem (salas de aula, biblioteca, laboratórios, auditórios, exterior, entre outros). - Localização de objectos de aprendizagem, alunos e locais -
	Requisitos ontológicos
6.1.	**Requisitos não-funcionais**
	O modelo ontológico baseia-se em modelos existentes e amplamente reconhecidos
6.2.	**Requisitos funcionais**
	R1 Quais são as horas de acesso aos ambientes físicos e virtuais para os estudantes? Nos ambientes físicos de segunda a sexta-feira, das 07 horas 00 minutos às 21 horas e 00 minutos. R2 Quais são os locais em que os professores irão leccionar? Salas de aula e laboratórios de engenharia pré-atribuídos R3 Quais são os horários atribuídos aos professores para leccionar os cursos? Segunda a sexta-feira das 7:00 às 21:00, dependendo da atribuição do curso. R4: A que horas, data e local é que o aluno Jorge está designado para desenvolver a actividade de aprendizagem nos circuitos eléctricos? O estudante Jorge deve comparecer no dia 14 de Julho de 2017 às 16:00 na sala 204 do edifício Bioclimático da Faculdade de Engenharia. R5: Que actividade foi designada pelo estudante Jorge em 14 de Julho de 2017 às 16:00 e que objectos de aprendizagem receberá? O estudante Jorge terá um workshop sobre o tema do electromagnetismo e os objectos de aprendizagem que receberá são o campo eléctrico, o campo magnético e as cargas eléctricas.

	R5 Qual é o intervalo de tempo em que o estudante Jorge realizará a actividade de aprendizagem em circuitos paralelos? O intervalo de tempo que o estudante terá para realizar a actividade de aprendizagem, será no dia 14 de Julho de 2017 das 16:00 às 18:00 do mesmo dia.
	R6: Que dispositivo poderá o professor ter para levar a cabo a sua aula?
	   - Computador pessoal
	   - Smartphone
	   - Comprimidos de laboratório
	   - Quadro ou quadro negro
	   - Projector
	   - Rede Wifi
	R7: Que pessoas estão próximas do laboratório de electricidade? estudantes de engenharia e professores
	R8: Que dispositivo terá o aprendente para realizar a actividade de aprendizagem?
	   - Computador pessoal
	   - Smartphone
	   - Comprimidos de laboratório
	   - Etiquetas NFC
	   - Etiquetas QRCODE
	   - Sensores BLE
	   - Rede Wifi de laboratório
	   - Bluetooth em smartphones e tablets
	R9: Que actividades de aprendizagem existem hoje em dia no curso de Introdução à Engenharia Eléctrica? Estudo de circuitos em série
	R10: Em que estado devem estar os smartphones quando chegam à sala de aula? Devem ter o wifi activado, o bluetooth activado, o NFC activado.
	R11. Que objectos de aprendizagem devem ser enviados aos estudantes de engenharia eléctrica introdutórios antes de irem para a aula? Objectos de aprendizagem sobre condutores eléctricos.
	R12. Que eventos associados aos tópicos vistos nas aulas estão previstos para hoje, onde? Workshop sobre a lei de Ohm, no laboratório de electricidade da faculdade, às 18 horas.
	R13: Que evento está a decorrer perto do local das aulas no momento que está relacionado com o tema em discussão? Conferência sobre campos gravitacionais, no auditório da Faculdade.
	R14 Como acompanhar o processo de ensino e aprendizagem dos alunos? O acompanhamento do processo de ensino e aprendizagem dos estudantes pode ser feito dentro e fora da sala de aula (laboratório, biblioteca, auditórios).
	
	R15. Se o estudante tiver um computador portátil e estiver na universidade no dia X à hora h, consegue ver as seguintes matérias? Poderá ver, de acordo com o plano do curso, os temas atribuídos para esse dia.

7.	Pré-glossário de termos
a)	Termos das questões de competência e características gerais
	- Ambientes

		- Físico
		- Virtual
		- Estudantes
		- Objectos de aprendizagem
		- Clima
		- Intervalo
		- Dispositivo
		- Actividades de Aprendizagem
		- Dia
		- Lugar
		- Estado
		- Laboratório
		- Evento
		- Planeamento
		- Momento
		- Professores
b)	Termos de resposta	
		- Envolvente física
		- Dias da semana
		- Horas
		- Acta
		- Salas de aula
		- Edifícios
		- Laboratórios
		- Participar
		- Estudante
		- Encontrará
		- Workshop
		- Objectos de aprendizagem
		- Intervalo de tempo
		- Actividade de Aprendizagem
		- Computador pessoal
		- Smartphone
		- Comprimidos de laboratório
		- Quadro ou quadro negro
		- Projector
		- Rede Wifi
		- Etiquetas NFC
		- Etiquetas QRCODE
		- Sensores BLE
		- Auditório
C)	Objectos	
		- Computador pessoal
		- Smartphone
		- Comprimidos de laboratório

	- Etiquetas NFC - Etiquetas QRCODE - Sensores BLE - Rede Wifi - Laboratório - Segunda a sexta-feira - Das 07:00 horas às 21:00 horas - Faculdade de Engenharia - Auditório da Faculdade - Laboratórios

2.9.1. Reutilização de recursos ontológicos

O uso da ontologia para modelar o contexto, tem sido amplamente utilizado como em (Chen et al, 2003: Chen et al, 2004; Wang 2004; Strang et al, 2004; Klyne et al, 2004; Pung et al, 2004; Bettini et al, 2010; Xu et al, 2013; Perera et al, 2014). No entanto, apesar do seu extenso estudo, não existe uma ontologia padrão que possa resolver problemas como o que é colocado nesta tese. A grande maioria das ontologias obedece a soluções de aplicação específicas, de modo que uma forma de definir um modelo de contexto é tirar partido das soluções já propostas e reutilizá-las. Segundo (Suarez-Figueroa, 2010), uma forma de tirar partido do trabalho já realizado é através do desenvolvimento de redes ontológicas, reutilizando recursos ontológicos.

Neste cenário, o objectivo é analisar as ontologias existentes a fim de construir a rede ontológica a ser desenvolvida. Isto ajuda muito a acelerar o processo de construção da rede ontológica. Para o fazer, deve ter-se em conta que existem dois tipos de ontologias, geral e específica do domínio. Por outro lado, existem ontologias de conhecimento específicas, que fornecem uma base de conhecimento sobre diferentes tipos de aplicações, tais como educação, saúde, comércio electrónico, entre outras.

2.9.2. Reutilização de ontologias gerais ou comuns

As ontologias gerais ou comuns (Van et al, 1997; Mizoguchi et al, 1995; Xiang et al, 2010; Jimeno-Yepes et al 2009) colocam conceitos gerais baseados em fundamentos teóricos, que representam uma base de conhecimento de diferentes domínios, tais como as ontologias espaço-temporais e a meraologia (Shoham, 1987; Bochman, 1990; Freundschuh e Egenhofer, 1997; Ye et al, 2007).

Segue-se uma descrição das ontologias gerais da modelação do tempo, integradas na rede ontológica do sistema de consciência contextual.

- **Modelação do tempo**. Corresponde a conceitos relacionados com aspectos temporais, tais como hora, minuto, segundo, milissegundo, nanossegundo, ou data (dia, mês, ano), em particular. A modelização do tempo é utilizada para controlar o conjunto de acções que são executadas num determinado momento. Numerosos trabalhos abordam o conceito de tempo como em (Shoham, 1987; Bochman, 1990; Freundschuh e Egenhofer, 1997; Ye et al, 2007), onde o concebem como um intervalo e uma unidade. Classificam-no ainda em hora de calendário ou hora de relógio. Por exemplo, através do contexto, um dia é considerado um ponto no tempo, noutro cenário, pode ser um intervalo de tempo. Neste artigo é feita uma análise sobre as diferentes ontologias desenvolvidas para modelar o tempo.

Segundo (Fernández-López e Gómez-Pérez, 2004), o quadro 2 mostra algumas características que implementam teorias do tempo e que são necessárias para o desenvolvimento da ontologia de contexto para este trabalho.

Quadro 2, Noções de modelação meteorológica adaptadas de (Fernandez-Lopez e Gomez-Perez, 2004)

Noções		Descrição
Pontos de tempo	Intervalos apropriados	Pode-se ver os pontos de tempo como na linha do tempo.
Intervalos de tempo	Granularidades temporárias	Pode ver um intervalo de tempo como o tempo entre dois pontos de tempo.
Tempo absoluto e relativo	Encomenda total	O tempo é representado de uma forma absoluta quando está relacionado com um facto e é relativo quando está relacionado com o tempo válido de outro facto.
Relação entre intervalos de tempo	infinito	Apresenta a relação entre intervalos de tempo, por exemplo: está dentro (intervalo1, intervalo2), está antes (Intervalo1, intervalo2),

		é igual a (intervalo1, intervalo2), começa em (intervalo1, intervalo2), termina em (intervalo1, intervalo2). (Allen, 1984)
Intervalos convexos e não convexos	Densidade	Os intervalos não convexos permitem identificar intervalos periódicos com espaços entre eles (por exemplo, "todas as segundas-feiras"). Os intervalos convexos são aqueles que não são compostos de peças separadas (por exemplo, 30 de Janeiro de 2016l) (Zhou et al., 2000).
Intervalos abertos e fechados	Isomorfismo para os números reais	Os pontos finais do intervalo podem ou não ser incluídos no intervalo.

Com base nas noções levantadas por (Fernández-López e Gómez-Pérez, 2004), foram analisadas as seguintes ontologias de uso geral do tempo para modelar o contexto temporal. Estas ontologias foram analisadas porque estão em conformidade com o formato OWL e é a linguagem de implementação para a rede de ontologias. O Quadro 3 descreve as características das diferentes ontologias que implementam as teorias do tempo.

Tabela 3. descrição de ontologias que implementam teorias do tempo. Adaptado de (Fernández-López e Gómez-Pérez, 2004).

Características	OWL-Time	Sumo	AK-Time	Necessário para a rede de ontologia do sistema de sensibilização contextual
Pontos de tempo	Sim	Sim	Sim	Sim
Intervalos de tempo	Sim	Sim	Sim	Sim
Relacionamentos	Sim	Sim	Sim	Sim
Fusos Horários	Sim	Sim	Não	Sim

Seguindo a metodologia NeOn e analisando as quatro dimensões (custos de reutilização, esforços de compreensão, esforço de integração e fiabilidade) nas ontologias expostas. A ontologia que melhor se adequa aos requisitos da rede ontológica do sistema de sensibilização contextual é a OWL-Time.

Para efeitos do modelo ontológico do sistema de consciência contextual, a ontologia que representa o domínio do tempo é criada, na qual o processo de importação da ontologia geral OWL-Time é levado a cabo. A figura 3 mostra a integração da ontologia na rede ontológica.

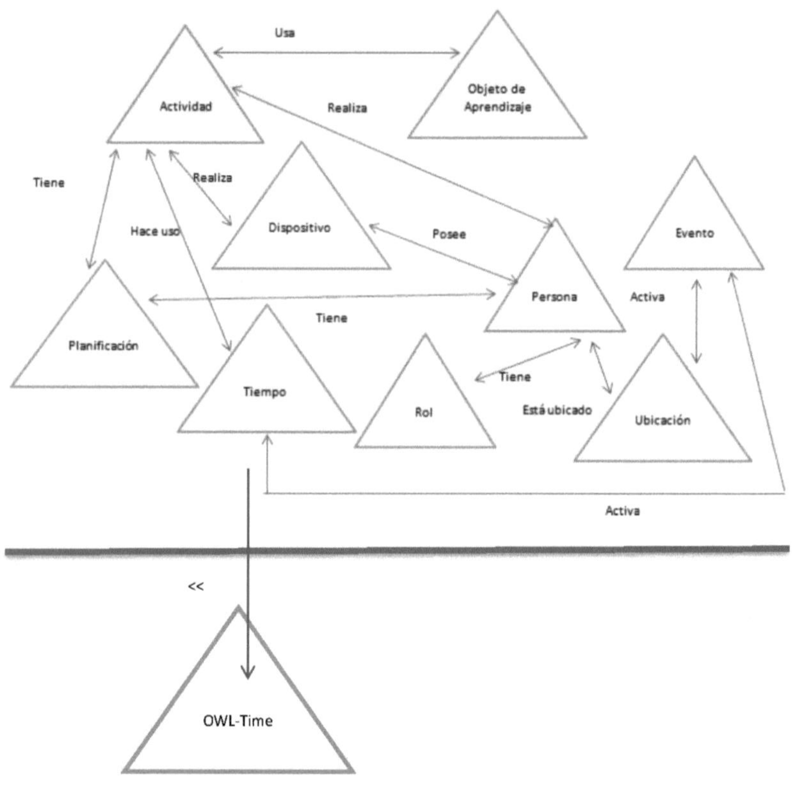

Figura 3 Integração da ontologia OWL-Time na Grelha Ontologica proposta

A principal entidade da ontologia OWL-Time é a *TemporalEntity* que é refinada em dois tipos: Instantânea e Intervalo. A *TemporalEntity* tem um princípio e um fim. A ontologia define também GeneralDateTimeDescription,

DurationDescription e TemporalUnit. OWL-Time oferece duas formas alternativas de representar pontos de tempo TemporalDuration e xsd: dateTimeTime.

- **Pesquisa ontológica de domínio:**

A pesquisa de ontologias de domínio foi baseada na especificação de requisitos definidos de acordo com a metodologia NeOn. Para este fim, foram utilizados motores de busca semânticos tais como Watson[1] , Semantic Web Search[2] , Swoogle[3] , ProtegeWiki[4]. O quadro seguinte mostra a lista de ontologias por domínio

Tabela 4: Ontologias relacionadas com o domínio

Ontologia	Organização	URL
Pessoa		
eBiquity Pessoa	Universidade de Stanford, Califórnia	http://ebiquity.umbc.edu/ontology/person.owl
GUMO	Universidade de Saarland, Saarbrucken, Alemanha	www.gumo.org
Pessoa	W3C org	https://www.w3.org/ns/person
FOAF	Dan Brickley e Libby Miller	http://xmlns.com/foaf/spec/
CoDAMOS	KU Leuven	https://distrinet.cs.kuleuven.be/projects/CoDAMoS/ontology/context.owl
Contexto de entrega	W3C	https://www.w3.org/TR/dcontology/
Dispositivo		
CoDAMOS	KU Leuven	https://distrinet.cs.kuleuven.be/projects/CoDAMoS/ontology/context.owl
Contexto de entrega	W3C	https://www.w3.org/TR/dcontology/
COBRA	Wang et at.	http://daml.umbc.edu/ontologies/cobra/0.4/personal-device
SOUPA	Chen et at.	http://ebiquity.umbc.edu/paper/html/id/165/The-SOUPA-Ontology-for-Pervasive-Computing
Localização		
CoDAMOS	KU Leuven	https://distrinet.cs.kuleuven.be/projects/CoDAMoS/ontology/context.owl
Contexto de entrega	W3C	https://www.w3.org/TR/dcontology/

---

[1] http://watson.kmi.open.ac.uk/WatsonWUI/
[2] http://www.semanticwebsearch.com/query/
[3] http://swoogle.umbc.edu/2006/
[4] https://protegewiki.stanford.edu/wiki/Main_Page

COBRA	Wang et at.	http://daml.umbc.edu/ontologies/cobra/0.4/location
SOUPA	Chen et at.	http://ebiquity.umbc.edu/paper/html/id/165/The-SOUPA-Ontology-for-Pervasive-Computing
Geo OWL	W3C	https://www.w3.org/2005/Incubator/geo/XGR-geo-ont-20071023/
Objectos de aprendizagem		
Ontologia universitária	Butler, 2004	http://simile.mit.edu/repository/ontologies/official/imsmd_educationalv1p2.rdfs
SUMO	ALH	http://reliant.teknowledge.com/DAML/SUMO.owl
LOM2OWL	Garcia et al., 2006	http://www.cc.uah.es/ie/ontologiaLOM2OWL/LOM2OWL.owl
Evento		
SOUPA	Chen et at.	http://ebiquity.umbc.edu/paper/html/id/165/The-SOUPA-Ontology-for-Pervasive-Computing
Evento	Yves Raimond, Samer Abdallah	http://motools.sourceforge.net/event/event.html
COBRA	Wang et at.	http://daml.umbc.edu/ontologies/cobra/0.4/time-basic

2.9.3. Comparação Ontologia

Após pesquisa das ontologias por domínios, foram aplicados os critérios da metodologia NeOn para determinar quais utilizar e quais descartar, para este efeito foram realizadas as seguintes acções:
- Verificação do âmbito e finalidade da ontologia DERO com a ontologia candidata
- Analisar os termos na ontologia candidata se forem semelhantes à ontologia a ser desenvolvida (Gómez e Lozano, 2005).
  Calcular a precisão e o alcance dos termos da ontologia candidata a reutilizar em relação aos termos incluídos nas perguntas de competência definidas para a nova ontologia (DERO).
- Analisar se a ontologia candidata responde às questões de competência no documento de especificação de requisitos ontológicos.

A análise para cada um dos subdomínios da rede de ontologia será descrita a seguir.
- Subdomínio Pessoa

Quadro 5, Avaliação de ontologias para reutilização na pessoa do subdomínio

Critérios	eBiquity Pessoa	GUMO	Pessoa	FOAF	CoDAMOS	Contexto de entrega
Semelhança no âmbito	Não	Parcial	Não	Sim	Parcial	Sim
Objectivo semelhante	Não	Parcial	Não	Sim	Parcial	Não
Cobertura de requisitos não-funcionais	Não	Não	Parcial	Parcial	Parcial	Não
Cobertura dos requisitos funcionais	Parcial	Não	Parcial	Parcial	Parcial	Parcial

A tabela 6 mostra as ontologias dos candidatos para reutilização no subdomínio pessoa. As ontologias mais próximas do documento de especificação de requisitos ontológicos são FOAF e CoDAMos.

- Sub-domínio do dispositivo
  Tabela 6, Avaliação de ontologias para reutilização no dispositivo do subdomínio

Critérios	COBRA	SOUPA	CoDAMOS	Contexto de entrega
Semelhança no âmbito	Parcial	Parcial	Parcial	Sim
Objectivo semelhante	Parcial	Parcial	Parcial	Não
Cobertura de requisitos não-funcionais	Parcial	Parcial	Não	Não
Cobertura dos requisitos funcionais	Parcial	Não	Não	Parcial

A tabela 6 mostra que as ontologias candidatas que melhor se adaptam à DERO são COBRA e SOUPA.

- Localização do sub-domínio

  Tabela 7, Avaliação de ontologias para reutilização na localização do subdomínio

Critérios	COBRA	SOUPA	CoDAMOS	Contexto de entrega	Geo OWL
Semelhança no âmbito	Parcial	Parcial	Parcial	Sim	Sim
Objectivo semelhante	Parcial	Parcial	Parcial	Não	Não
Cobertura de requisitos não-funcionais	Parcial	Não	Não	Não	Não
Cobertura dos requisitos funcionais	Parcial	Não	Parcial	Parcial	Parcial

Na Tabela 7, pode-se ver que as ontologias que se aproximam do subdomínio de localização são COBRA e CoDAMOS.

- Sub-domínio do evento

  Quadro 8, Avaliação de ontologias para reutilização no subdomínio do evento

Critérios	COBRA	SOUPA	Evento
Semelhança no âmbito	Parcial	Parcial	Parcial
Objectivo semelhante	Parcial	Não	Não
Cobertura de requisitos não-funcionais	Parcial	Não	Parcial
Cobertura dos requisitos funcionais	Parcial	Não	Não

No quadro 8, pode ver-se que as ontologias que se aproximam do subdomínio do evento são COBRA e EVENT.

- Objectos de aprendizagem do sub-domínio

  Tabela 9, Avaliação de ontologias para reutilização no subdomínio objectos de aprendizagem

Critérios	IMSPROJECT	SUMO	LOM2OWL
Semelhança no âmbito	Parcial	Parcial	Parcial
Objectivo	Parcial	Parcial	Parcial

semelhante			
Cobertura de requisitos não-funcionais	Não	Não	Parcial
Cobertura dos requisitos funcionais	Parcial	Não	Parcial

Na Tabela 9, pode-se ver que as ontologias que se aproximam do subdomínio de localização são IMSPROJECT e LOM2OWL.

2.9.4. Ontologias a serem reutilizadas nesta proposta de doutoramento

Depois de comparar as diferentes ontologias, foram escolhidas duas ontologias de candidatos por domínio específico. As ontologias seleccionadas são:

a. Subdomínio Pessoa
  i. FOAF
  ii. CODAMOS
b. Dispositivo Subdomínio
  i. COBRA
  ii. SOUPA
c. Localização Subdomínio
  i. COBRA
  ii. CODAMOS
d. Evento Subdomínio
  i. COBRA
  ii. EVENTO
e. Subdomínio Objectos de aprendizagem
  i. IMSPROJECT
  ii. LOM2OWL

O procedimento de selecção da ontologia candidata por domínio é baseado na análise proposta pela metodologia NeOn. A análise consiste num conjunto de critérios, divididos em quatro categorias: a) custo de reutilizabilidade, b) esforço de compreensibilidade, c) esforço de integração e d) fiabilidade. Os critérios têm pesos, com uma atribuição positiva (+) ou negativa (-), a pontuação tem um intervalo de 0 a 10. Esta pontuação de peso dependerá da importância que o grupo de desenvolvimento da ontologia atribui aos critérios. A cada ontologia candidata pode ser atribuída uma classificação linguística como: desconhecida, baixa, média e alta. A transformação dos valores linguísticos obedece à seguinte regra.

- Valor = →Valor Desconhecido=0
- Valor = Baixo Valor=1
- Valor = Valor médio=2
- Valor = Alto Valor=3

Depois de atribuir os valores numéricos das ontologias dos candidatos em cada um dos critérios, é efectuado o cálculo da pontuação das ontologias dos candidatos. A pontuação é obtida através do cálculo do peso médio, para critérios positivos e negativos, de acordo com as seguintes expressões:

$$Pontuaçãoón_{i(+)} = \sum_{j(+)} ValorT_{i,j} \ x \ \frac{Peso_j}{\sum_j Peso_j} \qquad \text{a)} \quad \text{pontuar} \quad \text{com}$$

critérios positivos

$$Pontuaçãoón_{i(-)} = \sum_{j(-)} ValorT_{i,j} \ x \ \frac{Peso_j}{\sum_j Peso_j} \qquad \text{b)} \quad \text{pontuação} \quad \text{com}$$

critérios negativos

Onde

- i é uma ontologia específica de candidatos.
- $Pontuação_{i(+)}$corresponde à ontologia candidata 'i' para o conjunto de critérios com peso positivo.
- $Pontuação_{i(-)}$corresponde à ontologia candidata 'i' para o conjunto de critérios com peso negativo.
- j é um critério particular, j(+) são os critérios com peso positivo e j(-) são os critérios com peso negativo.
- ValueTi, é o valor numérico transformado para o critério de j na ontologia i.
- Pesoj é o peso numérico associado ao critério j.

A pontuação para obter a ontologia candidata é obtida pela fórmula:
$$Puntuación_i = Puntuación_{(+i)} - Puntuación_{(-i)}$$
De acordo com o acima exposto, será efectuado o cálculo dos diferentes subdomínios. Por exemplo, a tabela xx mostra o cálculo da pessoa do subdomínio, com as ontologias candidatas FOAF e CoDAMos, como mostra a tabela 10.

Tabela 10, Selecção de ontologias para o subdomínio Pessoa.

Critérios	Peso	Valores	
		FOAF	CoDAMOS
Custo da reutilização			
Custo económico da reutilização	(-) 9	1	1
Tempo necessário para reutilização	(-) 7	1	1
Tensão compressiva			
Documentação de qualidade	(+) 8		
Disponibilidade de conhecimentos externos	(+) 7		
Clareza do código	(+) 8		
Esforço de integração			
Adequação da extracção de conhecimento	(+) 9		1
Adequação das convenções de nomeação	(+) 5		
Adequação da linguagem de implementação	(+) 7		
Conflitos de conhecimento	(-) 7		
Adaptação ao raciocinador	(+) 7		
Necessidade de termos de ponte	(-) 6	1	1
Fiabilidade			
Disponibilidade do teste	(+) 8		1
Apoio teórico	(+) 8		
Reputação da equipa de desenvolvimento	(+) 8		
Fiabilidade da documentação	(+) 3		
Apoio prático	(+) 7		
Total		1,63	0,77

CAPÍTULO III: CONSTRUÇÃO DE ONTOLOGIAS DE CORUJA EM PROTEGÉ

3. Requisitos

Descarregar a partir do sítio oficial de Stanford
https://protect.stanford.edu/products.php#desktop-protects
Descarregar também graphviz-2.38-win32.msi; a partir do seguinte link:
https://www2.graphviz.org/Packages/stable/windows/10/msbuild/Release/Win32/

3.1. configuração

CONSTRUCCIÓN DE ONTOLOGÍAS OWL EN PROTEGÉ

Vaya a la opción reasoner, configure

CONSTRUCCIÓN DE ONTOLOGÍAS OWL EN PROTEGÉ

Seleccccione la pestaña OWLViz y ubique la ruta donde se instalo Graphviz2.38; por lo general queda instalado en esta ruta: C:\Program Files (x86)\Graphviz2.38\bin\dot.exe

Esta función permite visualizar la ontología (ver fig. 2)

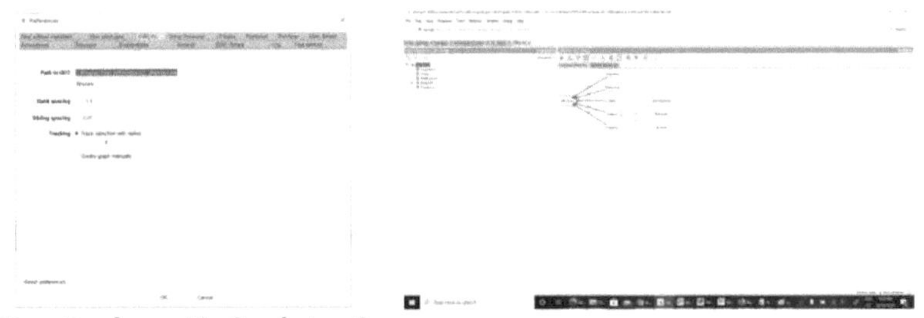

Fig. 1. Configuración Graphviz2.38   Fig. 2. Visualización Ontología

CONSTRUCCIÓN DE ONTOLOGÍAS OWL EN PROTEGÉ

En la opción Windows , Tabs

active: Classes, Object properties, Data properties, OWLViz

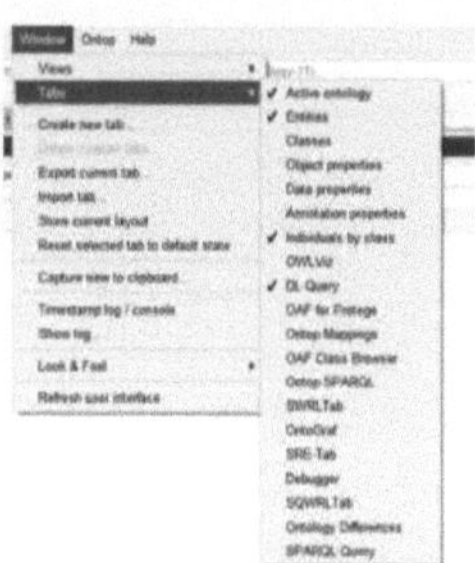

CONSTRUCCIÓN DE ONTOLOGÍAS OWL EN PROTEGÉ

Lo primero que hay que hacer al momento de crear la ontologías es asignar una IRI (Internationalized Resource Identifier)

Para este ejemplo asigne el siguiente IRI:

http://www.semanticweb.org/jegjo/ontologies/Myontology

CONSTRUCCIÓN DE ONTOLOGÍAS OWL EN PROTEGÉ

A continuación en el menú File Save as

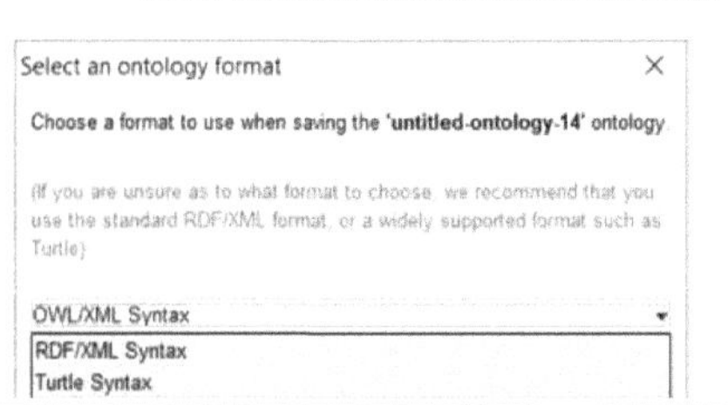

Seleccione la opción OWL/XML,
Posteriormente haga clic en OK

CONSTRUCCIÓN DE ONTOLOGÍAS OWL EN PROTEGÉ

Representaremos el siguiente problema en una ontología llamada
University – Clases y Relaciones; Dominios y Rangos

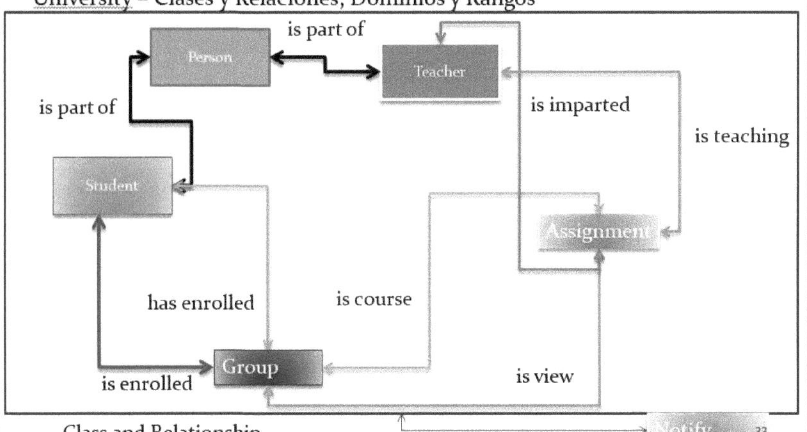

CONSTRUCCIÓN DE ONTOLOGÍAS OWL EN PROTEGÉ

Propiedades de las clases

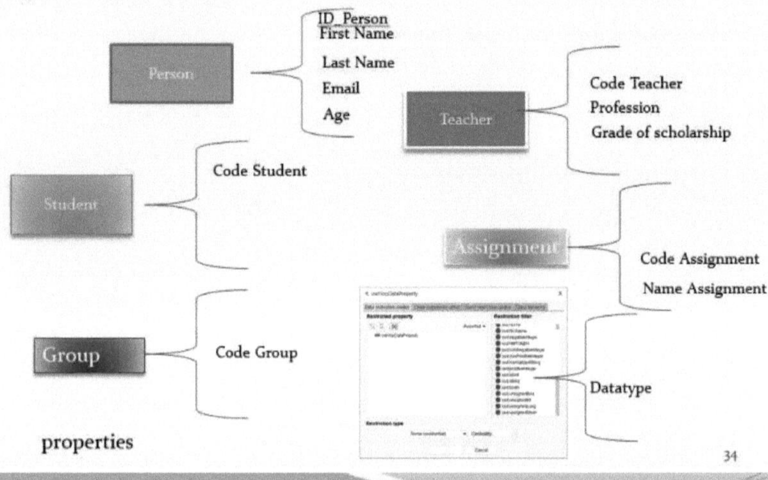

CONSTRUCCIÓN DE ONTOLOGÍAS OWL EN PROTEGÉ

- A continuación active las siguientes pestañas en la opción Windows, tabs: Active Ontology, Entities, Classes, Object Properties, Data Properties, Indivual by Class, OWLViz, DLQuery, Ontograph

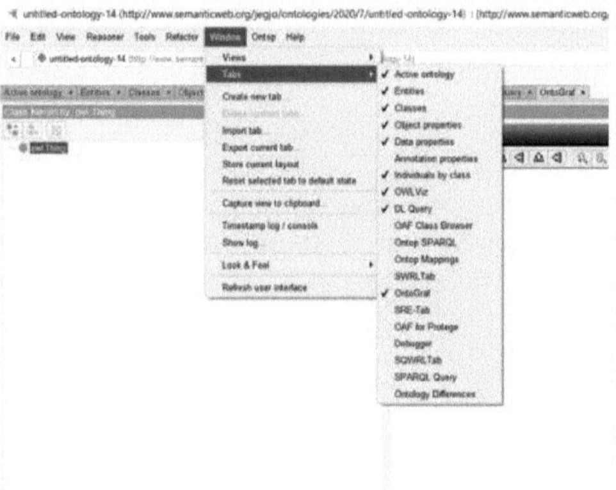

3.2. criação da ontologia

CONSTRUCCIÓN DE ONTOLOGÍAS OWL EN PROTEGÉ

- A continuación ubíquese en la pestaña Classes, para proceder a crear la ontología. Haga clic en el botón add subclass.

CONSTRUCCIÓN DE ONTOLOGÍAS OWL EN PROTEGÉ

- Una vez haga clic en la opción add subclass, aparecera la caja de dialogo para crear la clase Person. Luego haga clic en OK

CONSTRUCCIÓN DE ONTOLOGÍAS OWL EN PROTEGÉ

- Se verá la primera clase creada

CONSTRUCCIÓN DE ONTOLOGÍAS OWL EN PROTEGÉ

- Como se observa en la figura las clases Student y Teacher, son subclases de la clase Persona

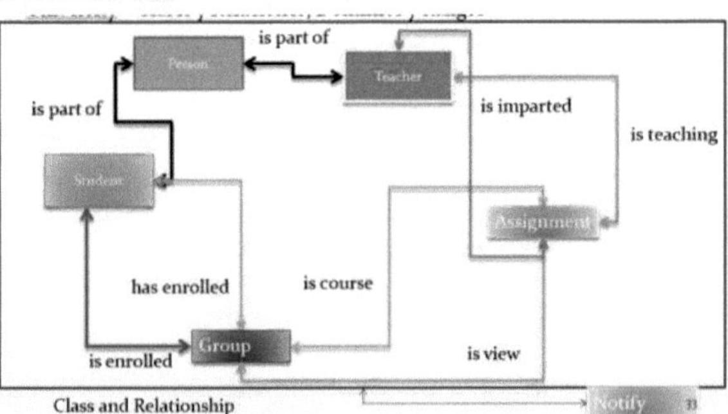

CONSTRUCCIÓN DE ONTOLOGÍAS OWL EN PROTEGÉ

- Debajo de la clase Person, se creará las clases Student y Teacher, haciendo clic en add sub classes

CONSTRUCCIÓN DE ONTOLOGÍAS OWL EN PROTEGÉ

- Debajo de la clase owl:Thing, crear las clases Group, Assignment y Notify

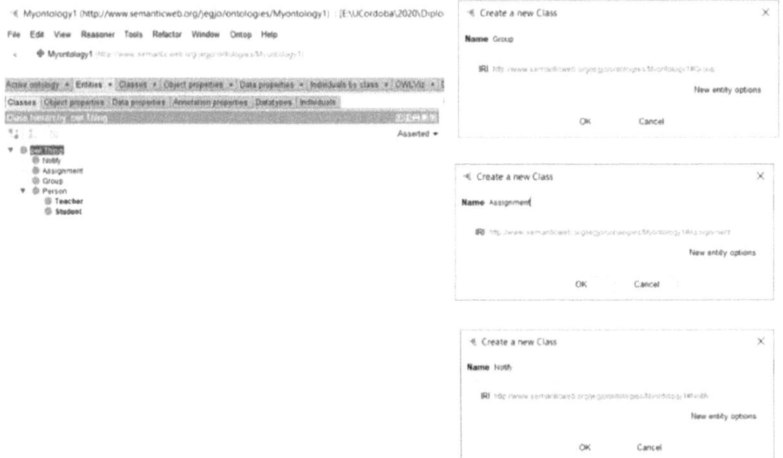

3.4 *Criação de relações*

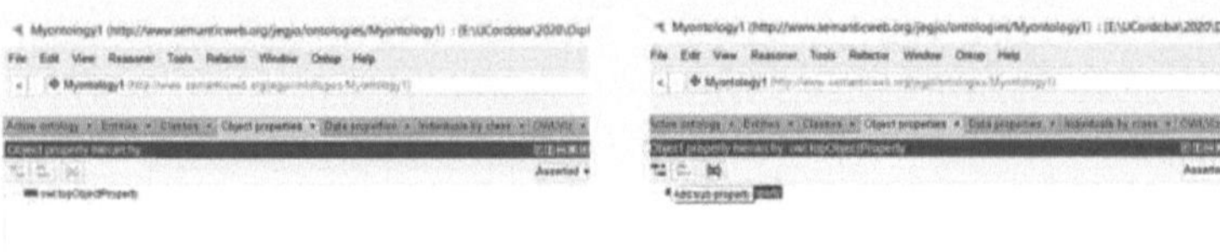

CONSTRUCCIÓN DE ONTOLOGÍAS OWL EN PROTEGÉ

- A continuación haga clic en la pestaña Object Properties, esto con el objeto de definir las relaciones entre las clases. Ubique el puntero del mouse en la opción owl:topObjectProperty. Luego haga clic en la opción add sub property

CONSTRUCCIÓN DE ONTOLOGÍAS OWL EN PROTEGÉ

- Escriba el nombre de la propiedades: is_Enrrolled, has_Enrrolled, is_View, is_Course, is_Imparted, is_Teaching

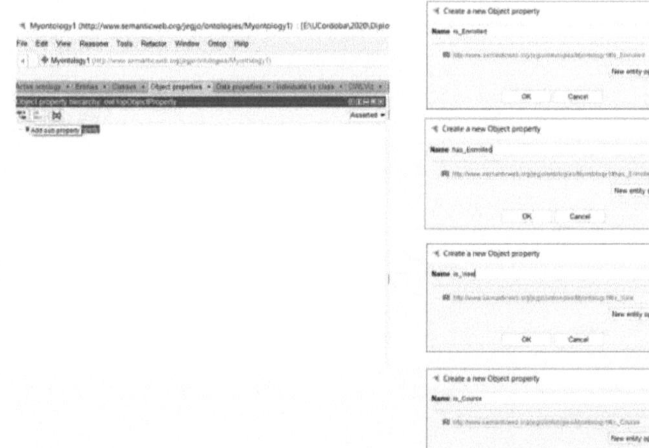

CONSTRUCCIÓN DE ONTOLOGÍAS OWL EN PROTEGÉ

- Haga clic en la opción <u>Domain Intersection</u>

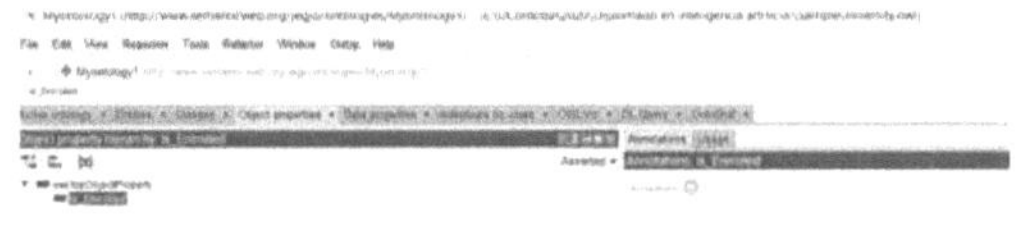

3.5. Criação de relações

CONSTRUCCIÓN DE ONTOLOGÍAS OWL EN PROTEGÉ

- Tome como referencia las relaciones (Propiedades), que se observan en la figura

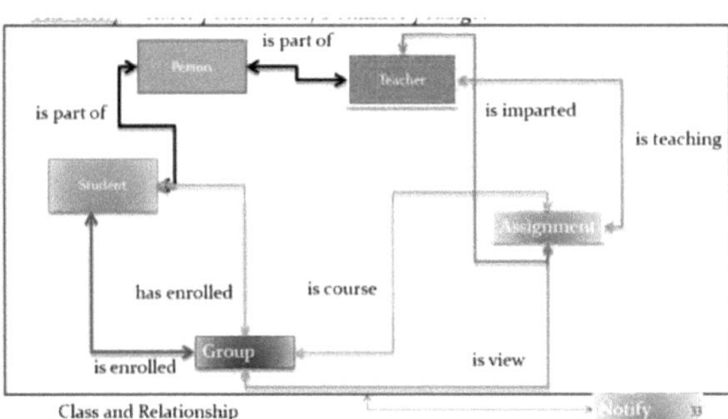

CONSTRUCCIÓN DE ONTOLOGÍAS OWL EN PROTEGÉ

- Propiedades Inversas, por ejemplo la inversa de is_Enrolled es has_Enrolled, Clic en inverse Of y seleccione la propiedad que quiere asociar y haga clic en OK

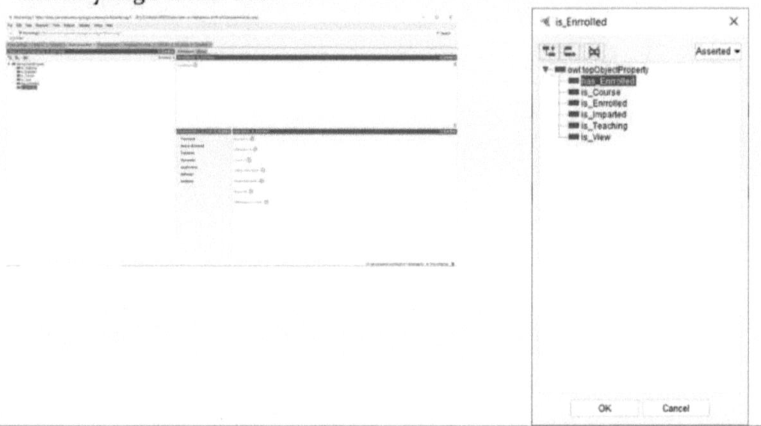

3.6 Definição de propriedades

CONSTRUCCIÓN DE ONTOLOGÍAS OWL EN PROTEGÉ

- A Continuación se definirán los Data properties

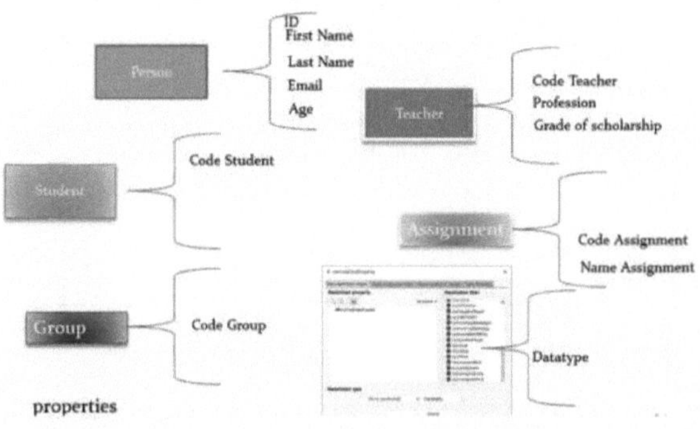

- Haga clic en la pestaña Data property, luego haga clic en owl:dataproperty, luego clic en la opción add sub property

3.7 Definição de tipos de dados

CONSTRUCCIÓN DE ONTOLOGÍAS OWL EN PROTEGÉ

- Luego escoja el tipo de datos que va a utilizar para representar. Haga clic en la opción Ranges, luego clic en la pestaña Build in datatypes y seleccione el tipo de dato. Luego haga clic en OK. Haga la misma operación con todos los datos.

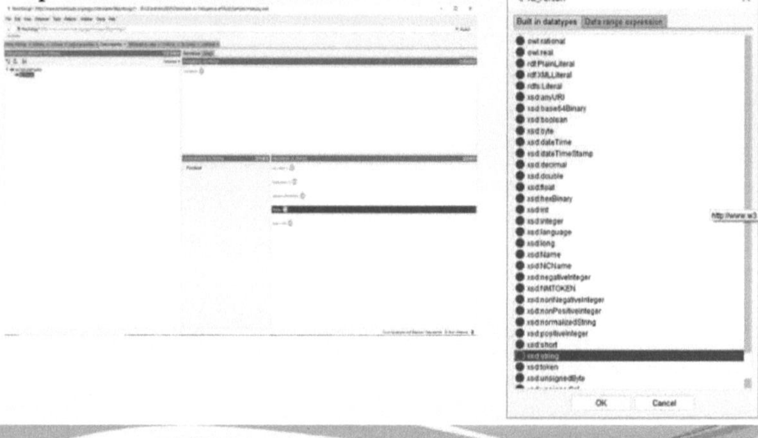

CONSTRUCCIÓN DE ONTOLOGÍAS OWL EN PROTEGÉ

- Al final tendremos algo como esto

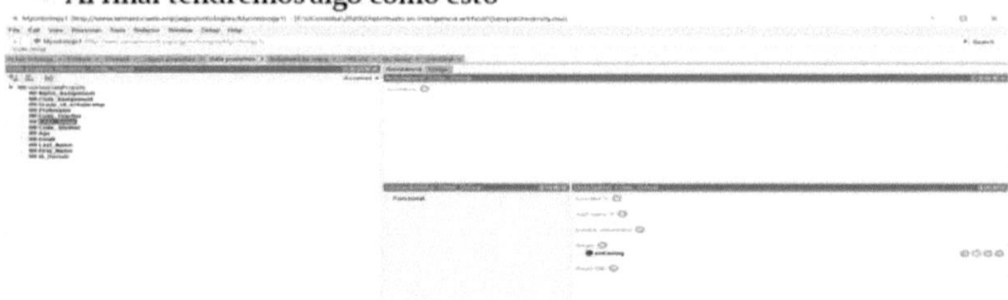

Ustedes pueden seleccionar el datatype

Se recomienda usar xsd:string, debido a que es más fácil parsear en los lenguajes de programación

3.9. *Definição de Instâncias*

CONSTRUCCIÓN DE ONTOLOGÍAS OWL EN PROTEGÉ

- A continuación haga clic en la pestaña Individuals by class, esto permitirá crear las instancias dependiendo de cada clase. Luego haga clic Direct instances

CONSTRUCCIÓN DE ONTOLOGÍAS OWL EN PROTEGÉ

- A se describirán en la tabla las instancias de las diferentes clases
  Students

Id_Student	First Name	Last Name	Age	Email
Stdoo01	Jorge	Perez	18	jperez@gmail.com
Stdoo02	Sebastian	Lopez	16	jlopez@gmail.com
Stdoo03	Carlos	Castillo	21	ccastillo@gmail.com
Stdoo04	Juan	Riquelme	22	lriquelme@gmail.com
Stdoo05	Adriana	Bustamante	19	abustamante@gmail.com
Stdoo06	Juan	Corrales	23	jcorrales@gmail.com
Stdoo07	Marcela	Berrio	20	mberrio@gmail.com
Stdoo08	Gabriel	Ochoa	18	gcchoa@gmail.com
Stdoo09	Dayana	Rosse	22	drosse@gmail.com
Stdoo10	Cristian	Tafur	20	ctafur@gmail.com
Stdoo11	Alírio	Montalvo	21	amontalvo@gmail.com
Stdoo12	Marcos	Ferreira	23	mferreira@gmail.com

CONSTRUCCIÓN DE ONTOLOGÍAS OWL EN PROTEGÉ

- A se describirán en la tabla las instancias de las diferentes clases

Teacher

Id_Student	First Name	Last Name	Age	Email
Teach0001	Velssy	Hernandez	50	vhernandez@gmail.com
Teach 0002	Pedro	Guevara	36	pguevara@gmail.com
Teach 0003	Samir	Castano	38	scastano@gmail.com
Teach 0004	Harold	Bula	51	jbula@gmail.com
Teach 0005	Daniel	Salas	52	dsalas@gmail.com

Group

Id_Group	Name	Location
Grp0001	GrpTelematica1	Bloque 43
Grp0002	GrpRedes Locales1	Bloque 43
Grp0003	GrpBases de Datos1	Bloque 16

Assignment

Id_Asignment	Name	Semester
Asg0001	Telematica	VII
Asg0002	Redes Locales	IX
Asg003	Bases de Datos	VI

CONSTRUCCIÓN DE ONTOLOGÍAS OWL EN PROTEGÉ

- A continuación haga clic en la pestaña Individuals by class, esto permitirá crear las instancias dependiendo de cada clase. Luego haga clic Direct instances

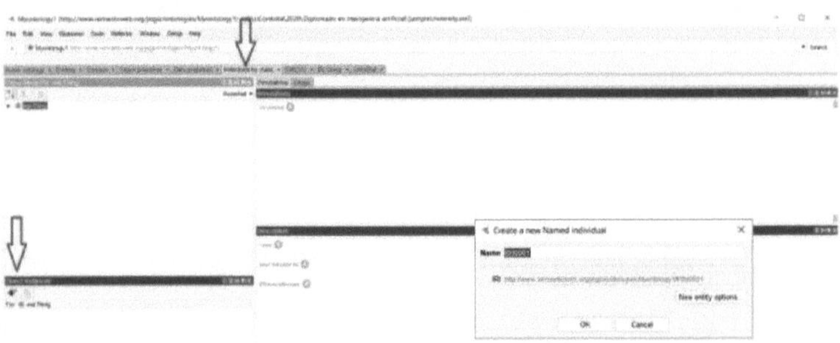

CONSTRUCCIÓN DE ONTOLOGÍAS OWL EN PROTEGÉ

- Al final el listado de instancias debe verse así:

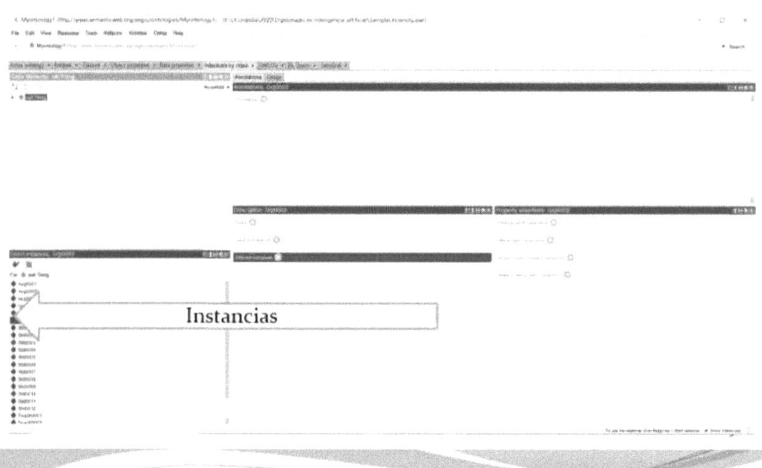

CONSTRUCCIÓN DE ONTOLOGÍAS OWL EN PROTEGÉ

- A continuación llenamos la información de las distintas instancias, haciendo clic en la opción Data property assertions

CONSTRUCCIÓN DE ONTOLOGÍAS OWL EN PROTEGÉ

- Se escoge la propiedad a la cual se quiere adicionar, en frente se le asigna el valor y en la opción Type seleccione la opción xsd:string, clic en OK

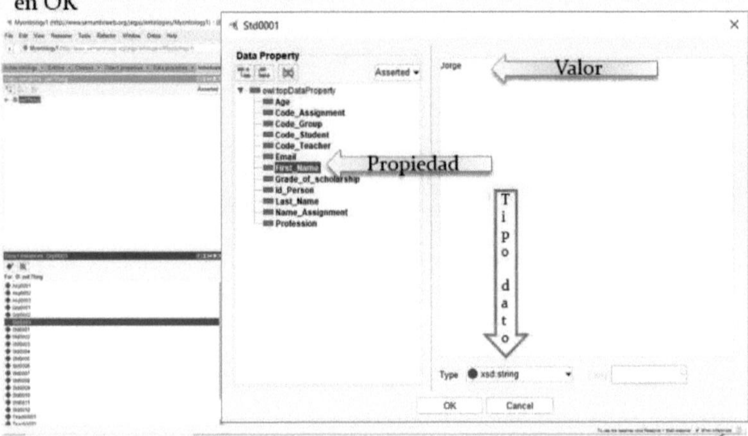

CONSTRUCCIÓN DE ONTOLOGÍAS OWL EN PROTEGÉ

- En la figura se observan los datos correspondiente para la instancia Stdooo1 con sus respectivos datos. Este mismo procedimiento se repite para todas las instancias.

CONSTRUCCIÓN DE ONTOLOGÍAS OWL EN PROTEGÉ

- En la tabla siguiente se asignarán los estudiantes a un grupo. De esta forma se establece la relación directa entre Student y Group, en este caso la relación (Object Property) se llamará is_Enrrolled y su inversa has_Enrolled

Id_Student	First Name	Last Name	Age	Email	Group
Std0001	Jorge	Perez	18	jperez@gmail.com	Grp0001
Std0002	Sebastian	Lopez	16	jlopez@gmail.com	Grp0001
Std0003	Carlos	Castillo	21	ccastillo@gmail.com	Grp0001
Std0004	Juan	Riquelme	22	jriquelme@gmail.com	Grp0001
Std0005	Adriana	Bustamante	19	abustamante@gmail.com	Grp0001
Std0006	Juan	Corrales	23	jcorrales@gmail.com	Grp0002
Std0007	Marcela	Berrio	20	mberrio@gmail.com	Grp0002
Std0008	Gabriel	Ochoa	18	gochoa@gmail.com	Grp0002
Std0009	Dayana	Rosse	22	drosse@gmail.com	Grp0002
Std0010	Cristian	Tafur	20	ctafur@gmail.com	Grp0003
Std0011	Alirio	Montalvo	21	amontalvo@gmail.com	Grp0003
Std0012	Marcos	Ferreira	23	mferreira@gmail.com	Grp0003

CONSTRUCCIÓN DE ONTOLOGÍAS OWL EN PROTEGÉ

- A continuación se asociaran las relaciones entre las instancias de las diferentes clases.

Relaciones entre estudiante y grupo. Haga clic en Object property assertions.

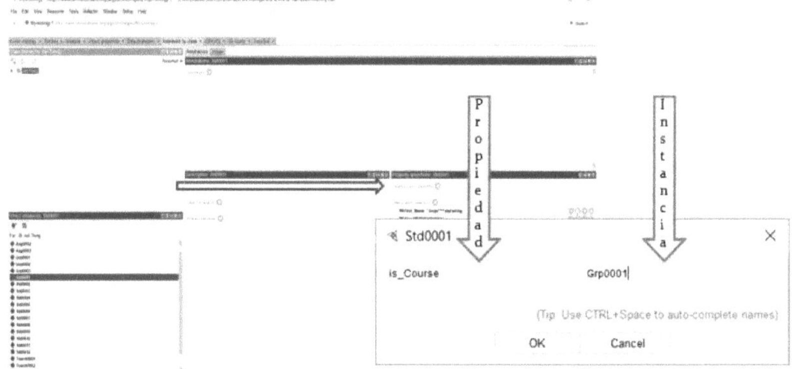

- Este mismo procedimiento se repite para todas las instancias y las propiedades Student

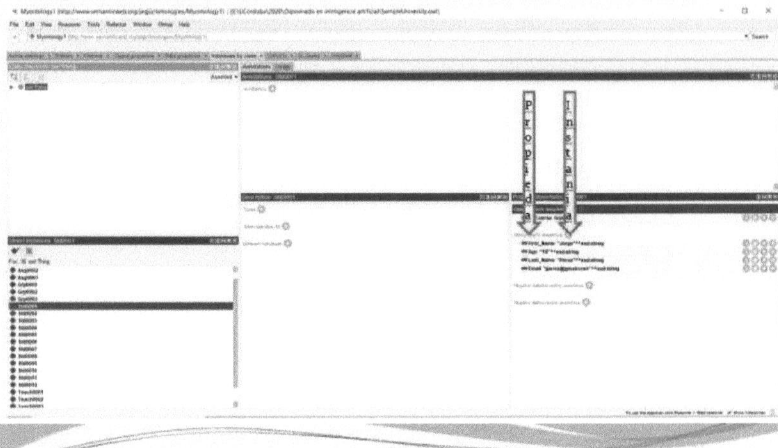

- En la tabla siguiente se asignarán los docentes a un grupo. De esta forma se establece la relación directa entre Teacher y Asignment, en este caso la relación (Object Property) se llamará is_Imparte y su inversa is_Teaching

Teacher

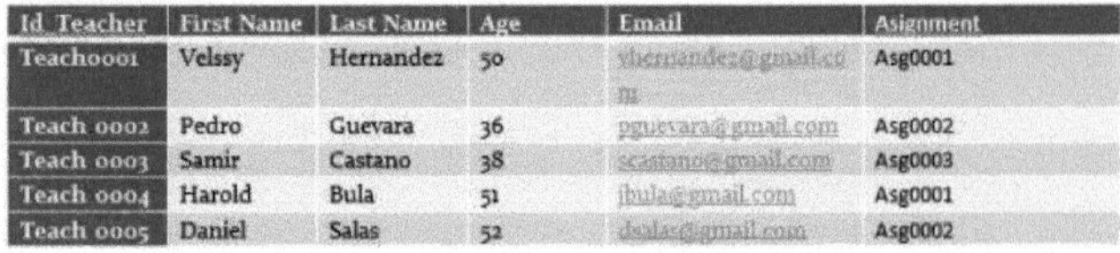

Id_Teacher	First Name	Last Name	Age	Email	Asignment
Teach0001	Velssy	Hernandez	50	vhernandez@gmail.com	Asg0001
Teach 0002	Pedro	Guevara	36	pguevara@gmail.com	Asg0002
Teach 0003	Samir	Castano	38	scastano@gmail.com	Asg0003
Teach 0004	Harold	Bula	51	jbula@gmail.com	Asg0001
Teach 0005	Daniel	Salas	52	dsalas@gmail.com	Asg0002

CONSTRUCCIÓN DE ONTOLOGÍAS OWL EN PROTEGÉ

- Este mismo procedimiento se repite para todas las instancias y las propiedades de Teacher

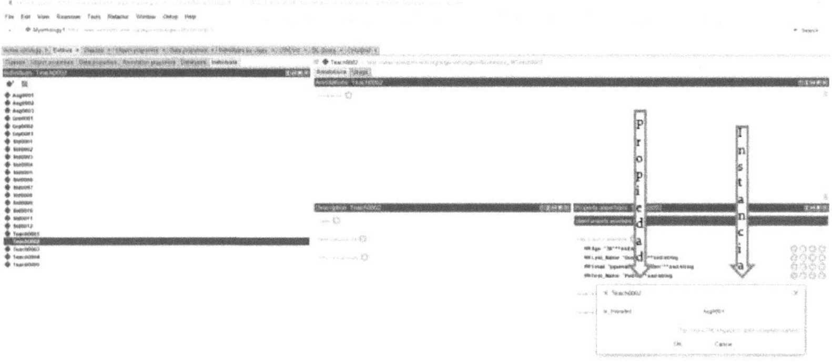

CONSTRUCCIÓN DE ONTOLOGÍAS OWL EN PROTEGÉ

- Este mismo procedimiento se repite para todas las instancias y las propiedades de Teacher

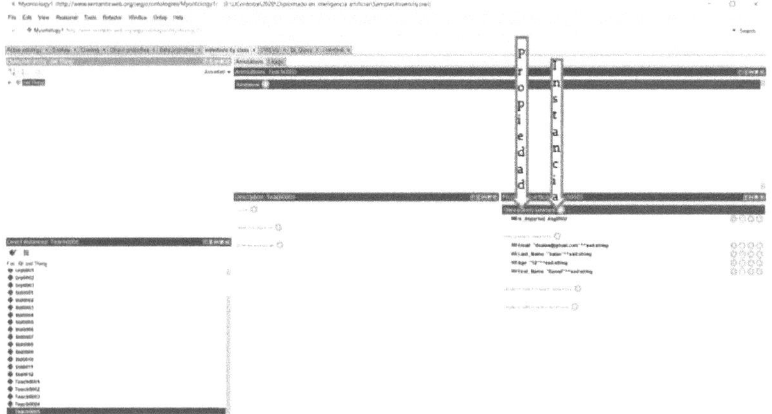

CONSTRUCCIÓN DE ONTOLOGÍAS OWL EN PROTEGÉ

- En la tabla siguiente se asignarán los docentes a un grupo. De esta forma se establece la relación directa entre Group y Asignment, en este caso la relación (Object Property) se llamará is_Course y su inversa is_View

Group

Id_Group	Name	Location	Id_Asignment
Grp0001	GrpTelematica1	Bloque 43	Asg0001
Grp0002	GrpRedes Locales1	Bloque 43	Asg0002
Grp0003	GrpBases de Datos1	Bloque 16	Asg0003

CONSTRUCCIÓN DE ONTOLOGÍAS OWL EN PROTEGÉ

- Este mismo procedimiento se repite para todas las instancias y las propiedades de Group

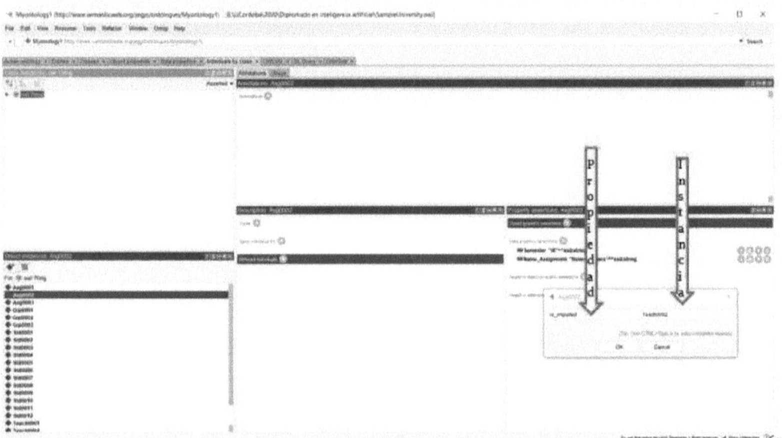

CONSTRUCCIÓN DE ONTOLOGÍAS OWL EN PROTEGÉ

- En la figura se observa la relación entre asignatura y grupo

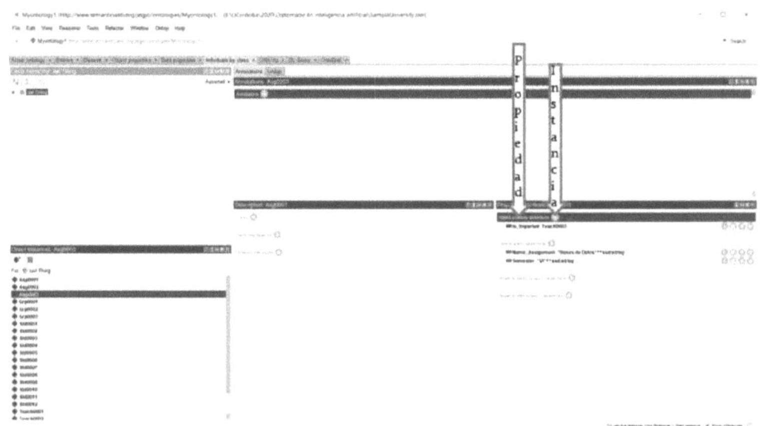

CONSTRUCCIÓN DE ONTOLOGÍAS OWL EN PROTEGÉ

- A continuación haga clic en la pestaña ontograf. Esto permitirá
  visualizar la ontología con las clases y sus respectivas relaciones

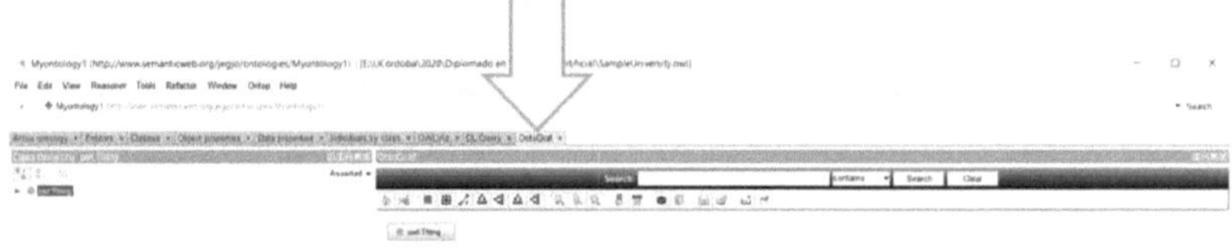

CONSTRUCCIÓN DE ONTOLOGÍAS OWL EN PROTEGÉ

- A continuación haga doble clic en la opción <u>owl:thing</u> que se encuentra señalado con la flecha

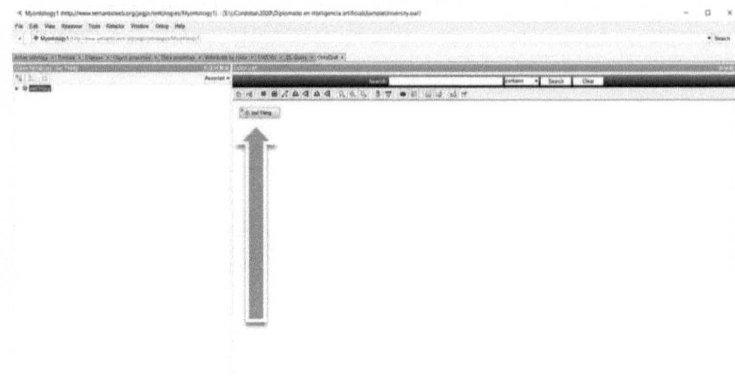

CONSTRUCCIÓN DE ONTOLOGÍAS OWL EN PROTEGÉ

- Aparecen en Ontograf, las clase principal <u>owl:thing</u> y las subclases que se definieron para el problema en cuestión.

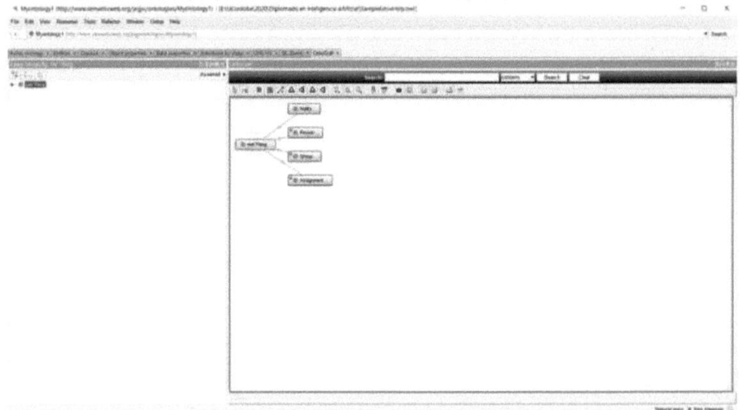

CONSTRUCCIÓN DE ONTOLOGÍAS OWL EN PROTEGÉ

- Aparecen en Ontograf, las clase principal owl:thing y las subclases que se definieron para el problema en cuestión. Note que las clases Persona, Group y Assignment tienen un signo +, haga clic encima de cada uno de ellas. Primero empiece con la clase persona.

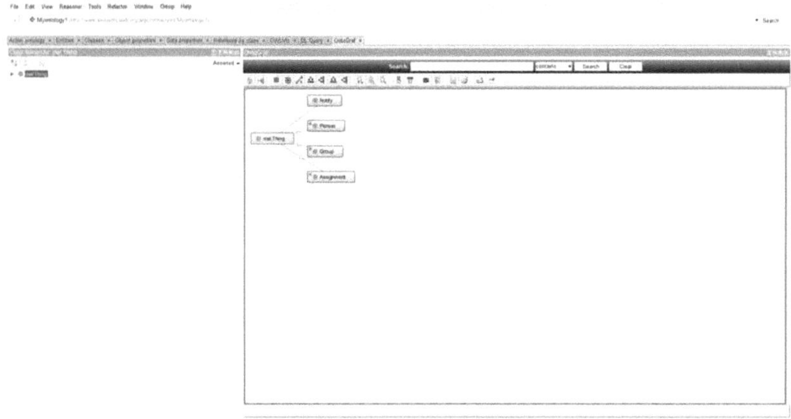

CONSTRUCCIÓN DE ONTOLOGÍAS OWL EN PROTEGÉ

- De la clase persona se derivan las subclases Student y Teacher. Haga clic en el singo + en la clase Student.

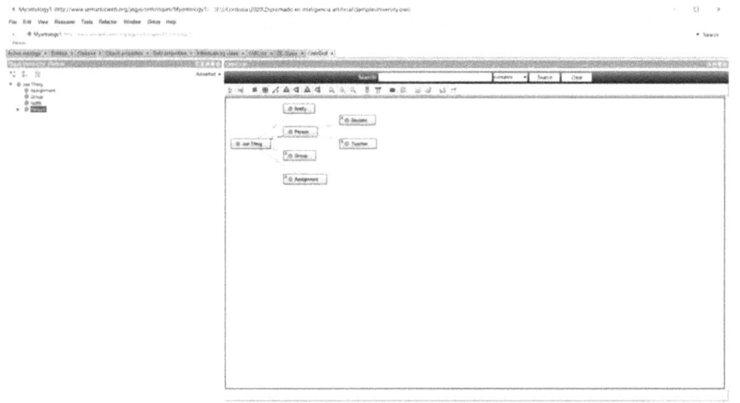

CONSTRUCCIÓN DE ONTOLOGÍAS OWL EN PROTEGÉ

- Como se puede observar en la figura se despliegan las instancias de la clases persona junto con las relaciones entre Student y Group. Si señala con el puntero del mouse las flechas que comunican a Student y Group, se visualizan las relaciones is_Enrolled y has_Enrolled.

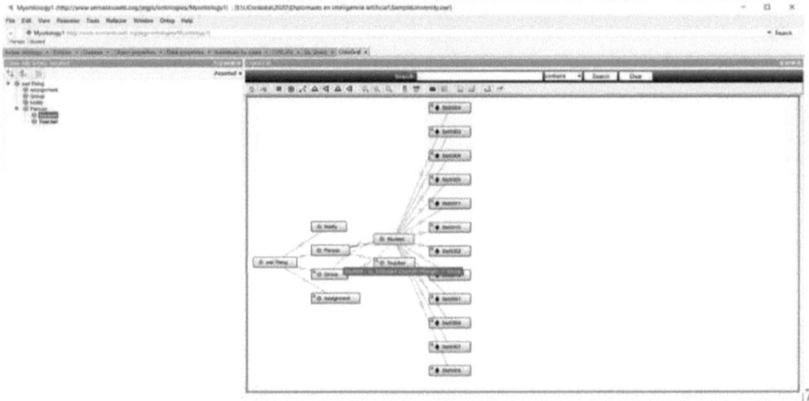

CONSTRUCCIÓN DE ONTOLOGÍAS OWL EN PROTEGÉ

- A continuación arrastre la clase Teacher hacia la parte derecha en un lugar despejado y haga doble clic en el signo +, debe aparecer las relaciones y la instancias de esta clase. Repita este mismo procedimiento para las clases Group y Assignment.

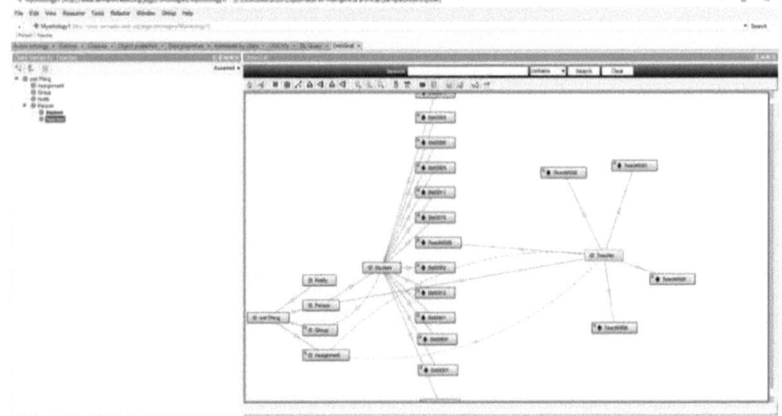

CONSTRUCCIÓN DE ONTOLOGÍAS OWL EN PROTEGÉ

* A continuación haga clic en la pestana Classes., luego vaya al menú Windows, view, Ontologyview, Rules. Ubique la opción en la parte señala por la flecha

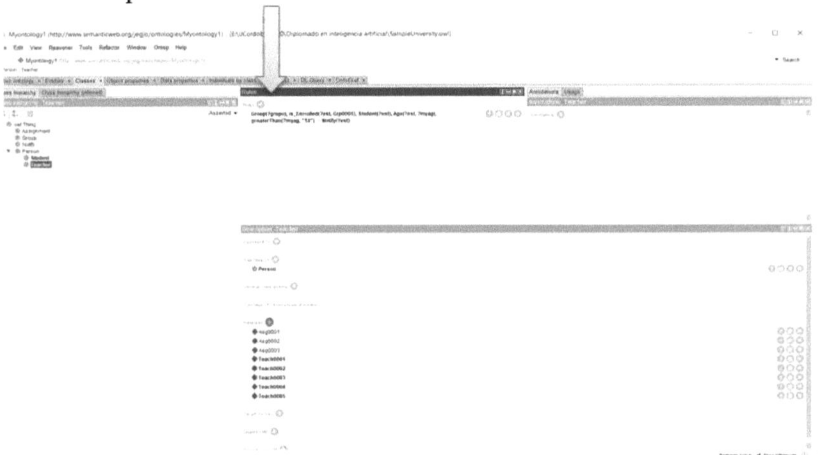

CONSTRUCCIÓN DE ONTOLOGÍAS OWL EN PROTEGÉ

* A continuación crearemos la siguiente regla:

* Group(?grupo), is_Enrrolled(?est, Grp0001), Student(?est) -> Notify(?est)

CONSTRUCCIÓN DE ONTOLOGÍAS OWL EN PROTEGÉ

- A continuación haga clic en el menú reasoner, Synchronize reasoner, luego haga clic en la parte izquierda en la clase Notify. La flecha señala las instancias que cumplen con esa regla

CAPÍTULO IV: ONTOLOGIAS DE PROGRAMAÇÃO EM JAVA E APACHE JENA

Apache Jena é uma estrutura Java gratuita e de código aberto para a criação de aplicações web semânticas e de dados ligados. A estrutura é composta por diferentes APIs que interagem em conjunto para processar dados RDF. A figura 1 mostra a arquitectura de enquadramento.

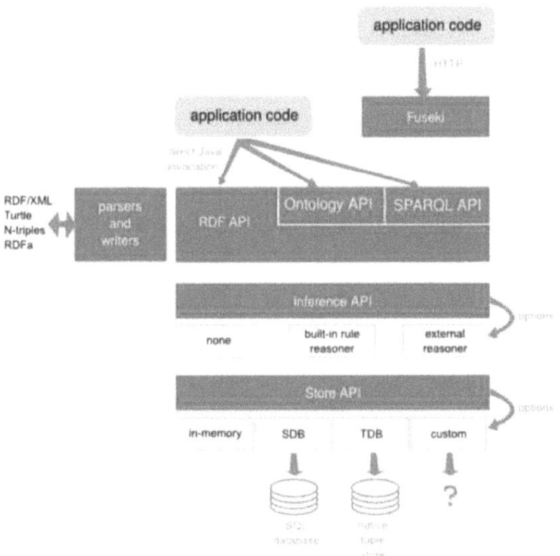

Figura 1. arquitectura da estrutura Apache Jena (fonte https://jena.apache.org/getting_started/index.html)

A arquitectura da pilha de protocolos semânticos da Web é mostrada na Figura 2.

Semantic Web Stack

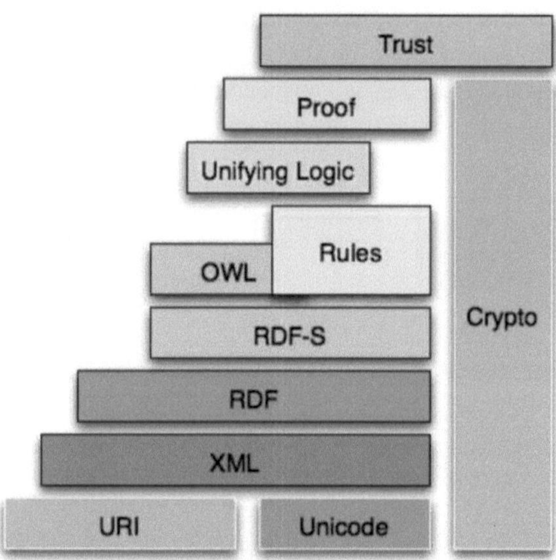

Figura 2. pilha de protocolo da web semântica

(RuleML)

- É um esforço para uniformizar as regras da inferência.

- RuleML é uma linguagem de marcação para publicação e partilha de bases de regras em todo o mundo.

Web.

- A tónica é colocada na interoperabilidade das regras entre normas da indústria.

- RuleML cria uma hierarquia de regras

sublínguas em XML, RDF e OWL, por exemplo, SWRL.

O que é o SWRL?

- SWRL é um acrónimo de Semantic Web Rule (Regra da Web Semântica).

- SWRL destina-se a ser a linguagem de regras da Web Semântica.

- O SWRL inclui uma sintaxe abstracta de alto nível para as Regras da Trompa.

- Todas as regras são expressas em termos de conceitos OWL (classes, propriedades, indivíduos).

Características SWRL

- Apresentação do W3C em 2004:

http://www.w3.org/Submission/SWRL/

- Regras armazenadas como parte da ontologia

- Apoio mais amplo de ferramentas: Bossam, R2ML, Hoolet, Pellet, KAON2, RacerPro, SWRLTab
- Pode trabalhar com raciocinadores.

Regras de exemplo em SWRL

> **Regra: Grupo(? grupo), has_Enrolled(Grp01, ? est), Estudante(? est)-> Notificação(? est)**

> **Regra: Grupo(?grupo), has_Enrolled(Grp01, ? est), Estudante(? est), hasAge(? est, ?idade), maior do que(?idade, 18) -> Notificar(? est)**

> **Regra: Grupo(? grupo), is_Enrolled(? est, Grp0001), Student(? est), Age(? est, ? xage), greaterThan(? xage, "15") -> Notificar(? est)**

> **Regra: Grupo(? grupo), is_Enrolled(? est, Grp0001), Student(? est), is_A_Student(? est, ? grd), Grading(Gra00001), has_Grading(? grd, ? assg), Assignment(? assg) -> Notify(? est)**

Linguagem de consulta SPARQL para RDF

O RDF é um formato de dados gráficos etiquetados e dirigidos para representar a informação na Web. O RDF é frequentemente utilizado para representar, entre outras coisas, informação pessoal, redes sociais, metadados sobre artefactos digitais, bem como para fornecer um meio de integração sobre fontes de informação díspares. Esta especificação define a sintaxe e a semântica da linguagem de consulta SPARQL para o RDF.

Consultas de exemplo

```
coruja PREFIX: <http://www.w3.org/2002/07/owl#>
 PREFIX rdf: <http://www.w3.org/1999/02/22-rdf-syntax-ns#>
            PREFIX rdfs: <http://www.w3.org/2000/01/rdf-schema#>
            PREFIX                                          ROSCC:
<http://www.semanticweb.org/jegjo/ontologies/Myontology1#>
SELECCIONAR ? primeiro_nome ? último_nome ?idade

            ONDE {
ROSCC:Primeiro_nome_do_estudante ? primeiro_nome.
ROSCC:Último_nome_do_estudante ? último_nome.
?Estudante ROSCC:Idade ?idade.
            }
```

4.1. Desenvolvimento de Consulta Ontológica em Netbeans

Primeiro descarregue as seguintes informações a partir dos links:

1. Netbeans

   https://www.apache.org/dyn/closer.cgi/netbeans/netbeans/12.1/Apache-NetBeans-12.1-bin-windows-x64.exe

2. Na pasta partilhada irá descarregar o ficheiro SampleUniversity4.OWL e descarregar a pasta lib completa.

https://drive.google.com/drive/u/1/folders/1uwIoGBVNHJR5ea2_bxPcCH678Q bvMc-a

Uma vez instalado o Netbeans 8.2, seguir as instruções abaixo:

Passos:

1. Correr Netbeans
2. Como mostrado na Figura 3, clique no menu File -> New Projet

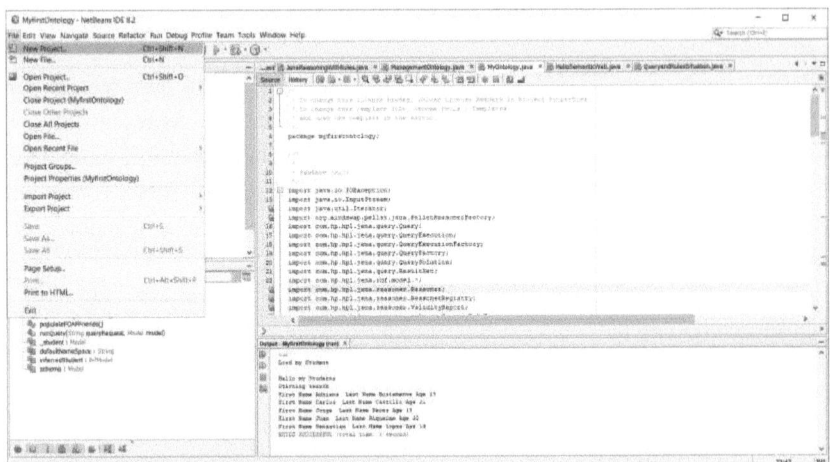

Figura 3: Criação do Projecto Netbeans

3. Escolher a opção Java -> Java Application, como mostra a figura 4.

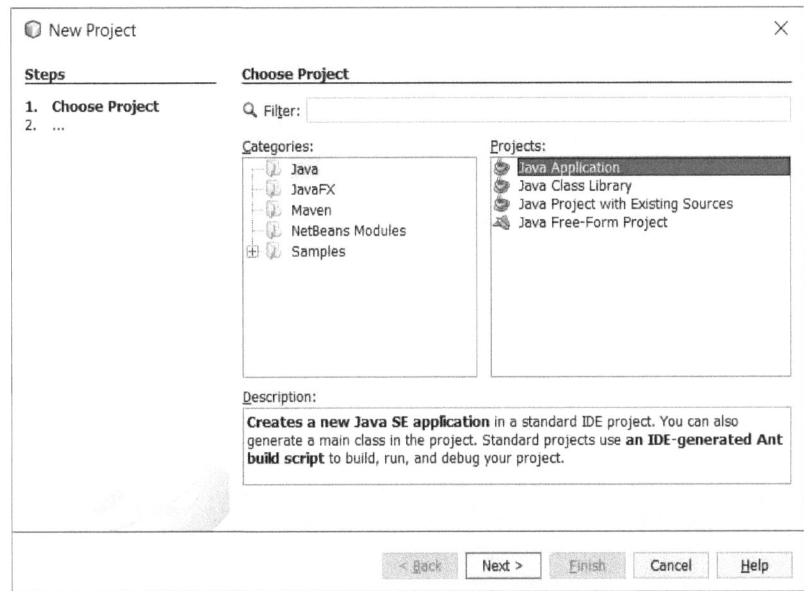

Figura 4. criação do projecto Netbeans, selecção do tipo de aplicação

4. Digitar o nome do projecto: Firstontology, ver figura 5.

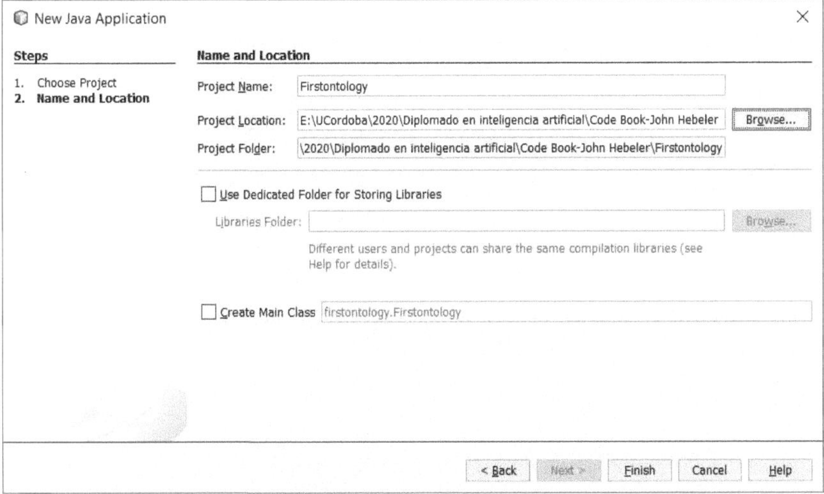

Figura 5. definição do nome do projecto

5. Seleccionar a pasta de destino onde o projecto será armazenado, ver figura 6 e 7.

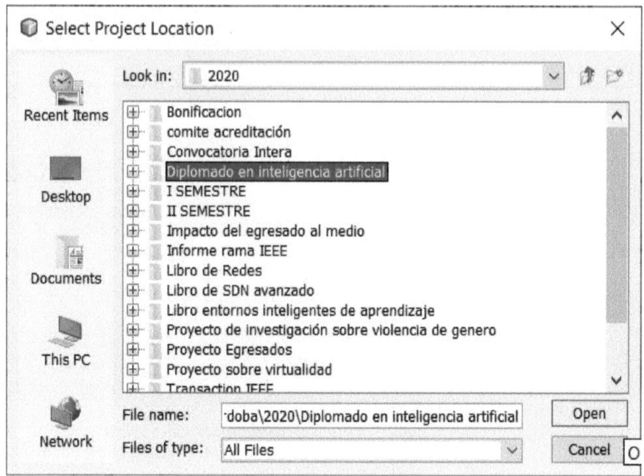

Figura 6: Localização do Projecto Save Location

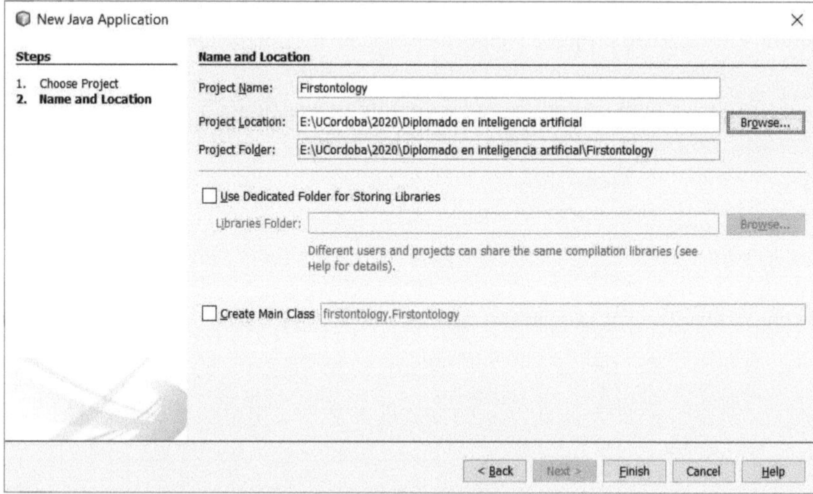

Figura 7: Localização do Projecto Save Location

6. Uma vez criado o projecto, clique com o botão direito do rato em Source Package -> New -> Java Package, ver figura 8.

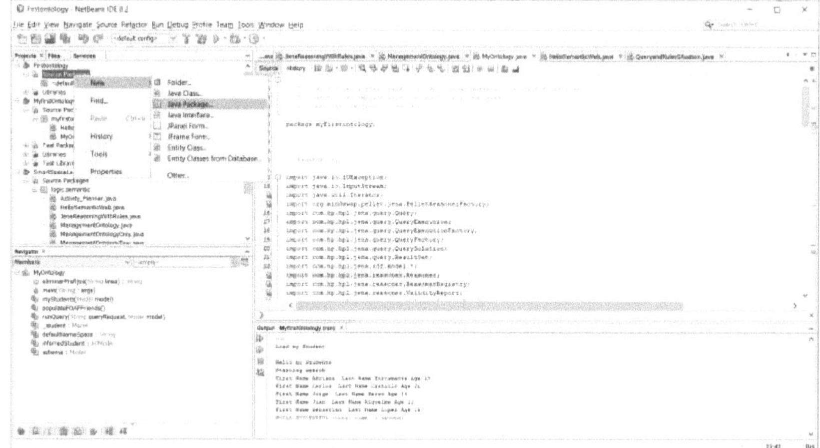

Figura 8. criação da embalagem

7. Em Package Name digite com.logic, depois Finish, ver figura 9.

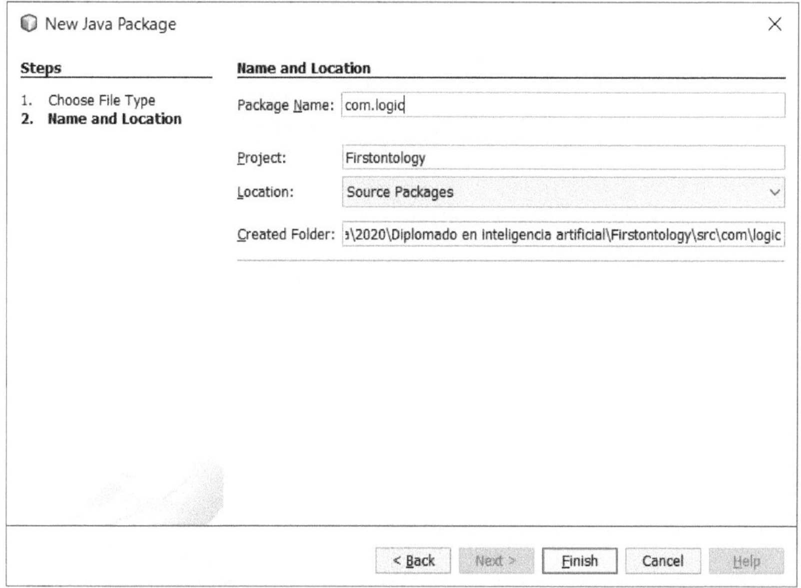

Figura 9. nome do pacote

8. Localize o pacote com.logic e clique com o botão direito do rato em New
   -> Java Class, ver figura 10.

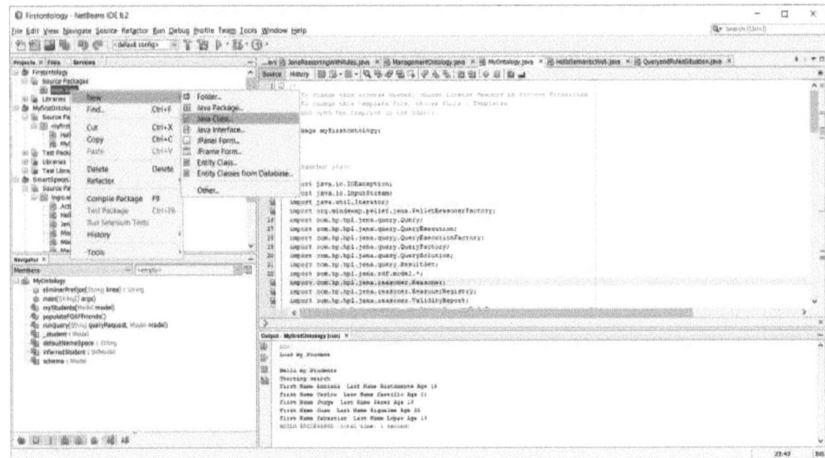

Figura 10. criação de uma nova classe

9. Em Class Name: digite Searchontology, clique em Finish, ver figura 11.

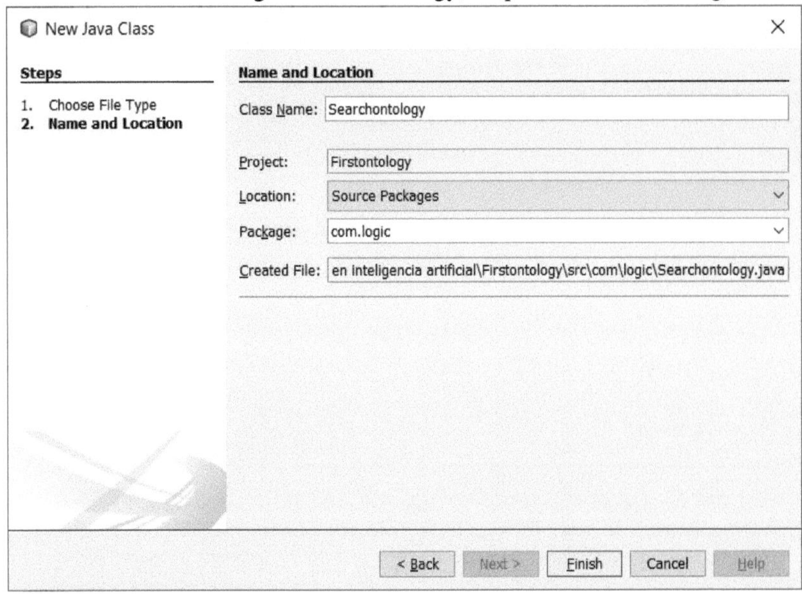

Figura 11. nome da classe.

10. Depois copiar e colar o seguinte código sob o cabeçalho do Package com.logic, como mostrado na Figura 12.

importação java.io.IOException;
importação java.io.InputStream;

importação java.util.Iterator;

importação org.mindswap.pellet.jena.PelletReasonerFactory;

importar com.hp.hpl.jena.query.Query;

importar com.hp.hpl.jena.query.QueryExecution;

importação com.hp.hpl.jena.query.QueryExecutionFactory;

importação com.hp.hpl.jena.query.QueryFactory;

importar com.hp.hpl.jena.query.QuerySolution;

importar com.hp.hpl.jena.query.ResultSet;

importar com.hp.hpl.jena.rdf.model.*;

importar com.hp.hpl.jena.reasoner.Reasoner;

importar com.hp.hpl.jena.reasoner.ReasonerRegistry;

importar com.hp.hpl.jena.reasoner.validityReport;

importar com.hp.hpl.jena.reasoner.rulesys.GenericRuleReasoner;

importar com.hp.hpl.jena.reasoner.rulesys.Rule;

importar com.hp.hpl.jena.util.FileManager;

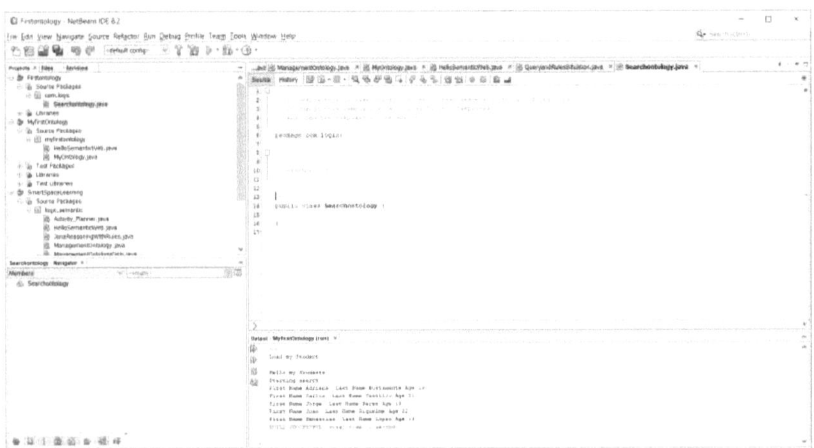

Figura 12. Esqueleto da classe

11.Depois de colar o código, verá uma lista de erros com as bibliotecas. Estas
bibliotecas Apache Jena são utilizadas para interagir com ontologias. Para
corrigir estes erros da biblioteca. Os erros são destacados na figura 13.

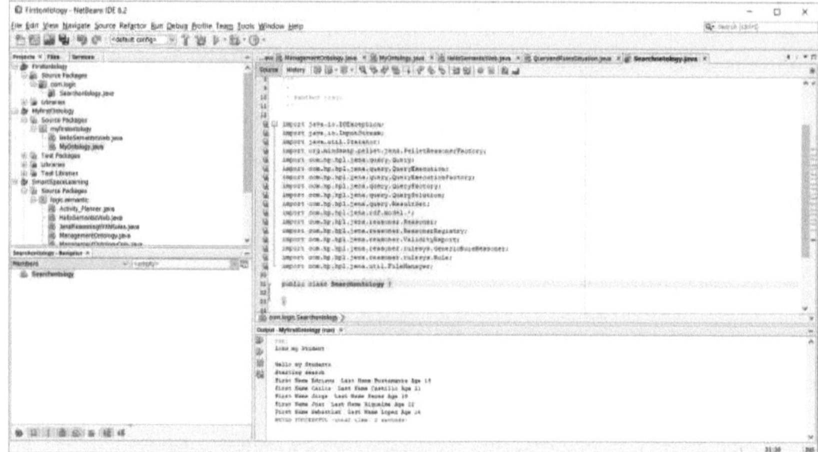

Figura 13. Erro nas bibliotecas.

12. A seguir, para resolver o problema com as bibliotecas, clique com o botão direito do rato sobre o projecto Firstontology na opção Propriedades, ver figura 14.

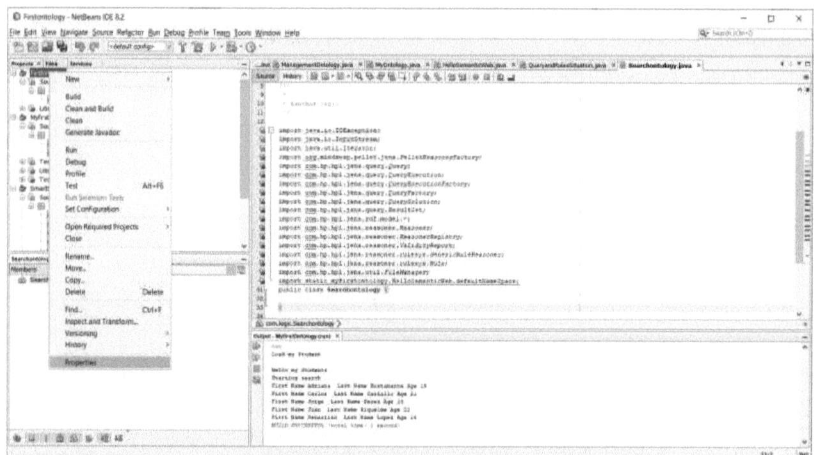

Figura 14. Definição de propriedades para atribuir bibliotecas

13. Ir para a secção Bibliotecas, depois clicar em adicionar JAR/Pasta. Ver figura 15.

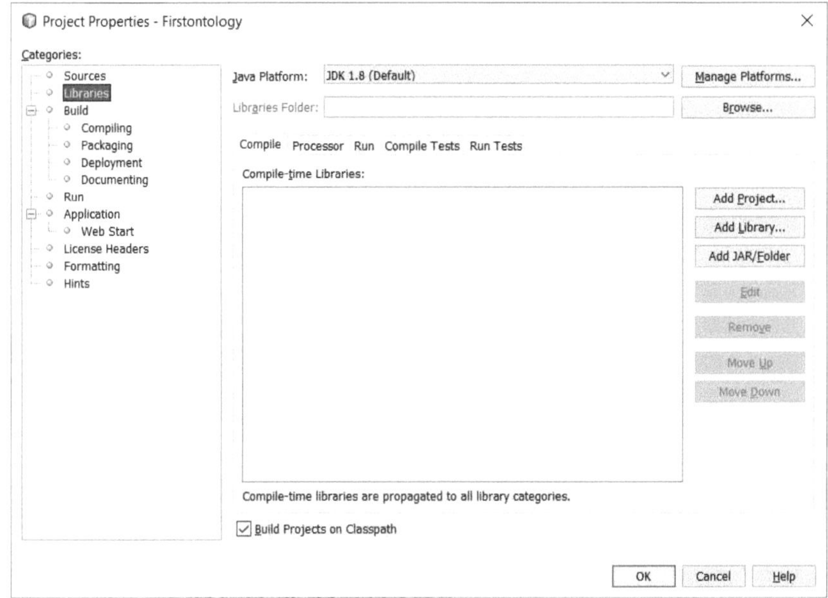

Figura 15. selecção da biblioteca

14. Em seguida, localizar a pasta lib que descarregou inicialmente, clicar duas
vezes sobre ela e seleccionar todas as bibliotecas como mostrado nas
figuras 16 e 17, depois clicar em Abrir.

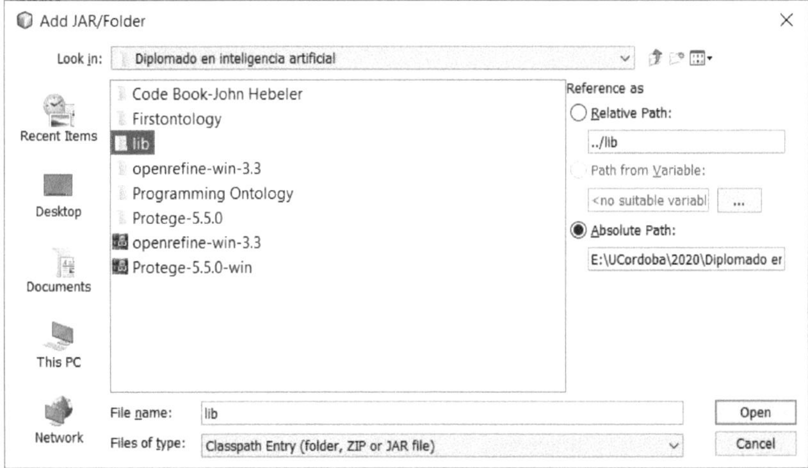

Figura 16. Identificação da pasta que contém as bibliotecas.

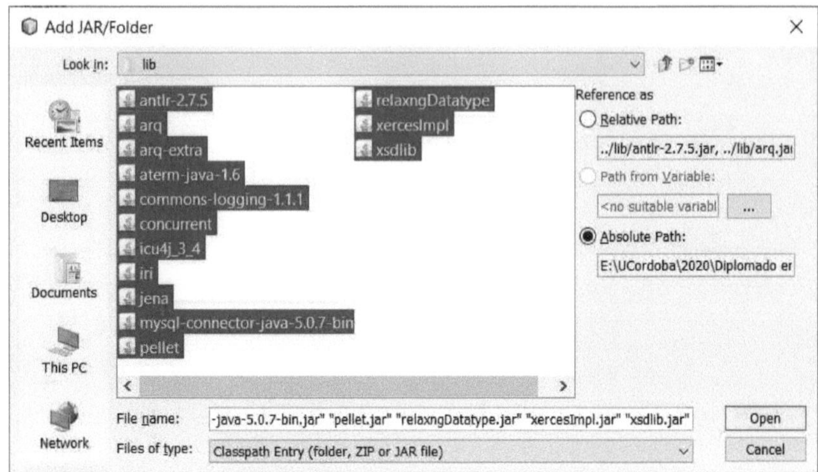

Figura 17. Selecção da biblioteca.

15. Depois de ter seleccionado as bibliotecas clique OK, isto irá resolver os erros da biblioteca. Ver figura 18.

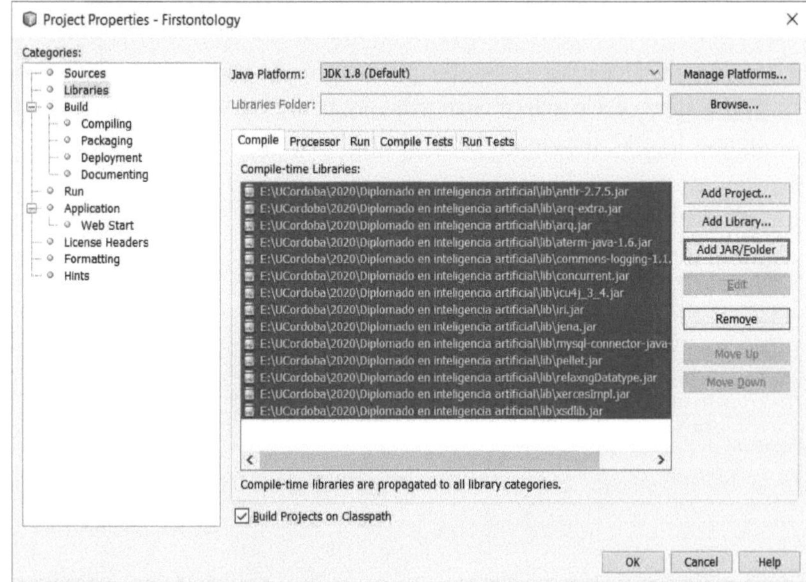

Figura 18. Adição de bibliotecas.

16. Depois clique com o botão direito do rato sobre o projecto Firstontology. Clique em New -> Java Folder (Novo -> Pasta Java). Ver figura 19.

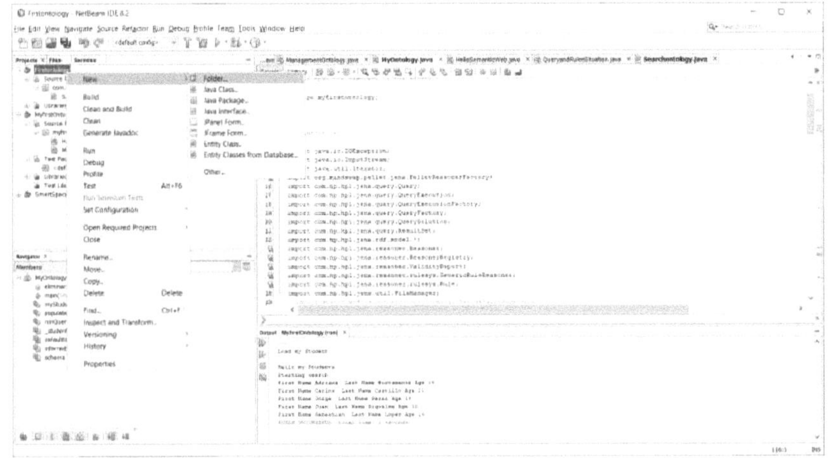

Figura 19. Criação de pastas para o projecto.

17. Em Folder Name: digite Ontologies, depois clique em Finish. Ver figura 20.

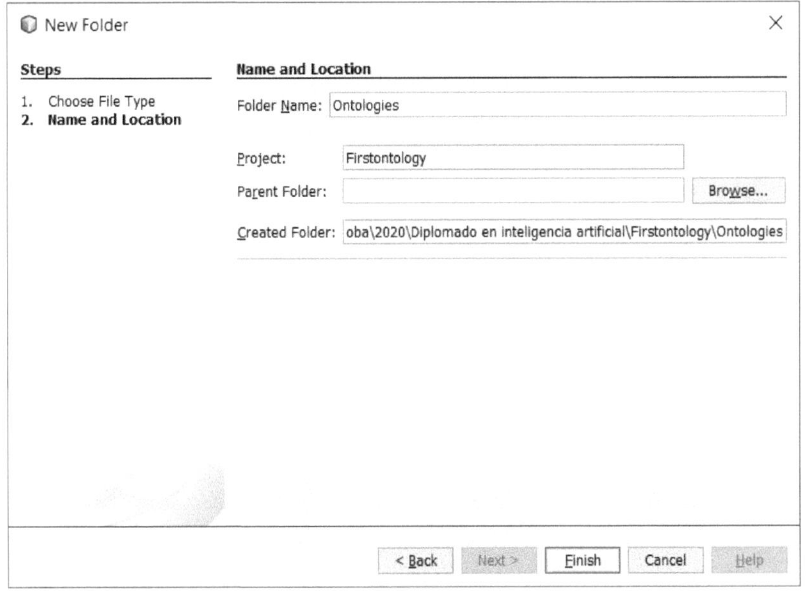

Figura 20. nome do projecto

18. Depois encontre o caminho onde salvou o projecto, ver figura 21.

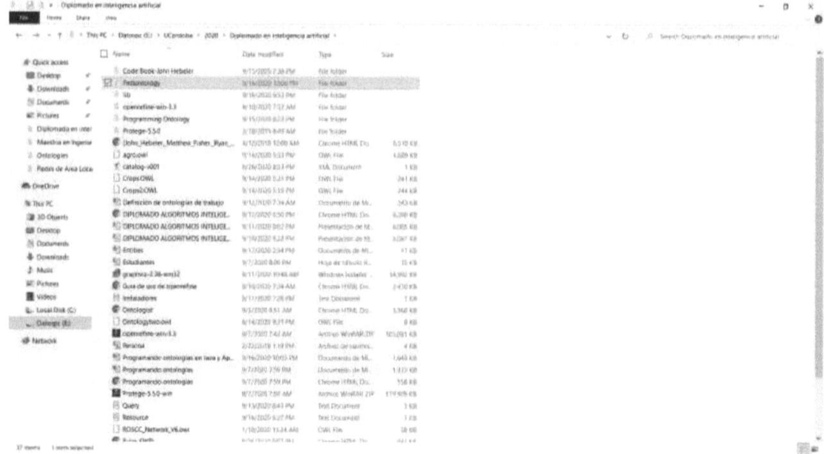

Figura 21. Localização do projecto

19.Faça duplo clique sobre a pasta Firstontology. Ver figura 22.

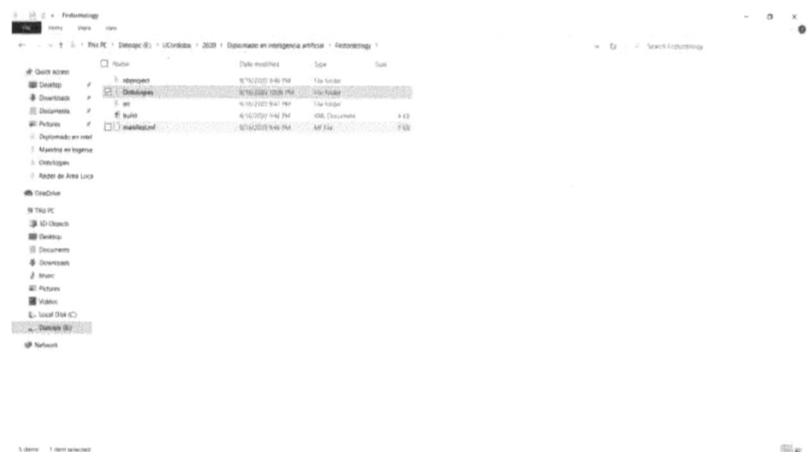

Figura 22. Pasta onde a ontologia será carregada

20.Faça duplo clique na pasta Ontologies, uma vez dentro desta pasta copie o ficheiro SampleUniversity4.OWL que descarregou a partir do recurso no início desta prática. Ver figura 23.

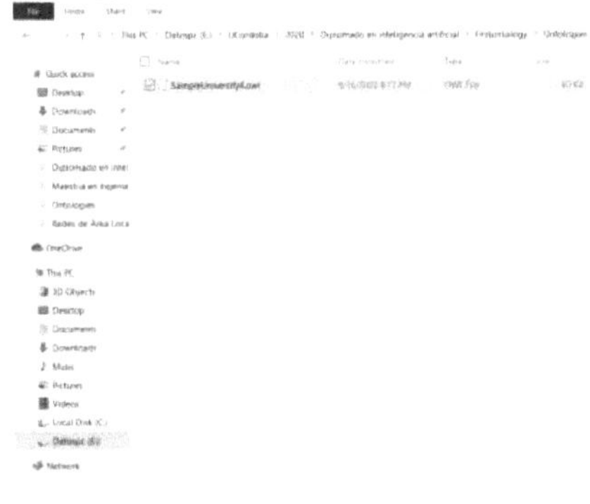

Figura 23. Pasta contendo a ontologia

21. depois seleccionar o código abaixo e copiá-lo e colá-lo na secção
classe pública Searchontologia {

```
static          String          defaultNameSpace          =
"http://www.semanticweb.org/jegjo/ontologies/Myontology1#";

    Modelo _estudante = nulo;
    Esquema do modelo = nulo;
    InfModel inferredStudent = nulo;


o       vazio estático público principal(String[] args) lança a IOException {


        Searchontology myontology = nova Searchontologia();

        //Carregar os meus alunos
        System.out.println("Load my Student");
        myontology.populateFOAFFriends();


        // Liste o meu aluno
        System.out.println("Olá meus alunos");
        myontology.myStudents(myontology._student);
```

```
        }
o       vazio privado povoarFOAFFriends(){
            _student = ModelFactory.createOntologyModel();
            InputStream                    inFoafInstance                    =
FileManager.get().open("Ontologies/SampleUniversity4.owl");
            _student.read(inFoafInstance,defaultNameSpace);
            //inFoafInstance.close();


        }
vazio privado myStudents(Modelo modelo modelo){
            //lista de estudantes
            runQuery("SELECT ? primeiro_nome ? último_nome ? idade ?
nome_grupo\n" ?
"           ONDE" {" +
"?          Student ROSCC:First_Name ? first_name. \n" +
?Student ROSCC:is_Enrrolled ROSCC:Grp0001.\n" +
"ROSCC:Último_nome_do_studante ? último_nome.\n" +
"?Student ROSCC:Age ?age.} \n" +
"               Orderby ? primeiro_nome ", modelo); //adicionar a cadeia de
consulta


        }
runQuery(String queryRequest, Modelo modelo){


            StringBuffer queryStr = novo StringBuffer();
            // Estabelecer Prefixos
            //Set default Name space first
            queryStr.append("PREFIX
ROSCC:<http://www.semanticweb.org/jegjo/ontologies/Myontology1#>");
 queryStr.append("coruja PREFIX: <http://www.w3.org/2002/07/owl#>\n") ;
 queryStr.append("PREFIX rdf" + ": <" + "http://www.w3.org/1999/02/22-rdf-
syntax-ns#" + "> ");
 queryStr.append("PREFIX rdfs" + ": <" + "http://www.w3.org/2000/01/rdf-
schema#" + "> ");


            queryStr.append("PREFIX         foaf"      +      ":    <"     +
"http://xmlns.com/foaf/0.1/" + "> ");
```

//agora adicionar consulta

```
        queryStr.append(queryRequest);
    Query query = QueryFactory.create(queryStr.toString()));
        QueryExecution  qexec  =  QueryExecutionFactory.create(consulta,
modelo);
        tente {
        ResultSet resposta = qexec.execSelect();
    System.out.println("Iniciar pesquisa");
        while( resposta.hasNext()){

            QuerySolution soln = response.nextSolution();
            RDFNode firstname = soln.get("? first_name");
            RDFNode lasttname = soln.get("? last_name");
 RDFNode age = soln.get("?age");


 if( (primeiro nome != nulo) && (último nome != nulo) && (idade != nulo)){
                System.out.println( "Primeiro  Nome  "  +  primeiro
nome.toString() +" "+ " Último Nome " + último nome.toString()+" Idade " +
idade.toString())
            }
        senão
            System.out.println("Nenhum estudante encontrado!");
        }
    } finalmente { qexec.close();}
    }

Eliminar Prefixos de Cordas públicas (Linha de Cordas){

line=line.replace("http://www.semanticweb.org/jegjo/ontologies/Myontology1#
", "");

 linha de      retorno;
    }
```

22. Depois clique com o botão direito no ficheiro de Searchontology, clique
    em Run File. Ver figura 24.

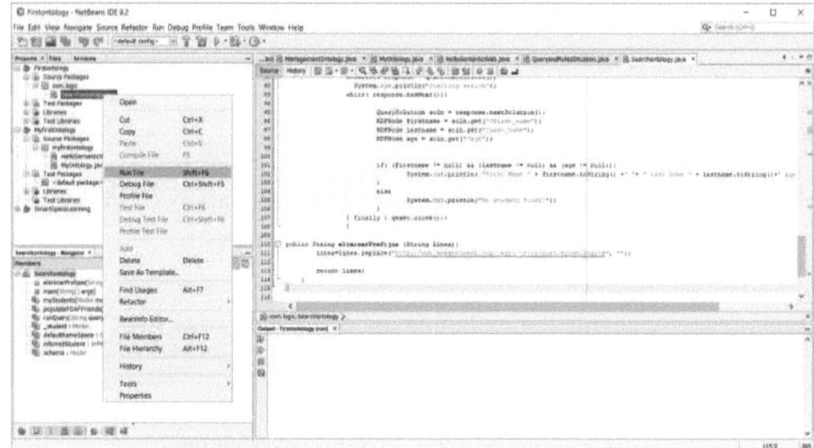

Figura 24. Execução da aula.

23.Finalmente, na parte inferior do ecrã, verá os resultados da consulta. Ver figura 25.

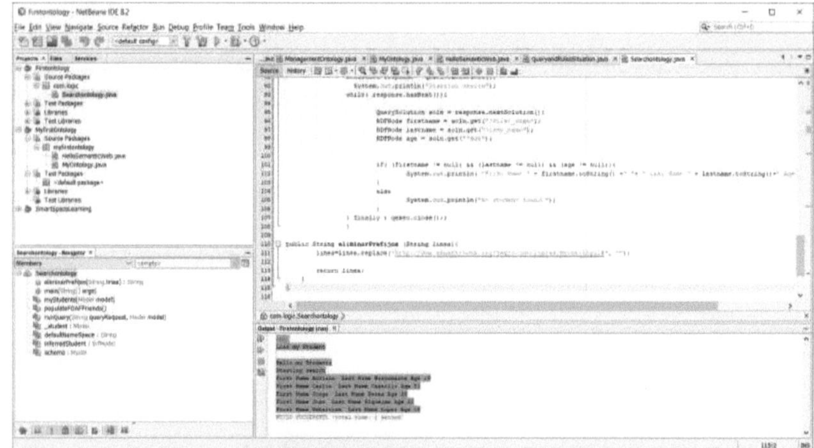

Figura 25: Resultados da consulta

Explicação do Código

A figura 26 mostra as relações entre as diferentes classes.

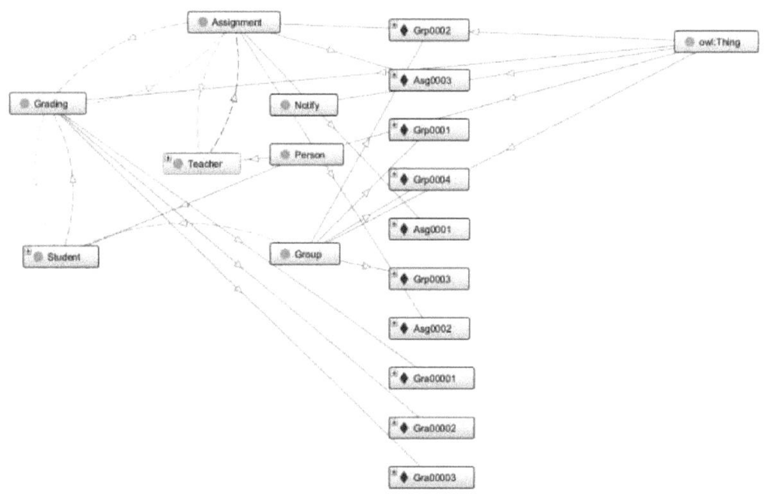

Figura 26. Representação das classes, relações e instâncias da ontologia.

No caso deste projecto, a seguinte consulta será executada em Sparql

coruja PREFIX: <http://www.w3.org/2002/07/owl#>
 PREFIX rdf: <http://www.w3.org/1999/02/22-rdf-syntax-ns#>
                PREFIX rdfs: <http://www.w3.org/2000/01/rdf-schema#>
                PREFIX   ROSCC:
<http://www.semanticweb.org/jegjo/ontologies/Myontology1#>
 SELECCIONAR ? primeiro_nome ? último_nome ?idade ? nome_grupo

                ONDE {
 ROSCC:Primeiro_nome_do_estudante ? primeiro_nome.
 Estudante ROSCC:is_Enrrolled ROSCC:Grp0001.
 ROSCC:Último_nome_do_estudante ? último_nome.
  ?Estudante ROSCC:Idade ?idade.
                }
        Orderby ? primeiro_nome

Na Protegé o resultado será o que se encontra destacado a azul na figura 27.

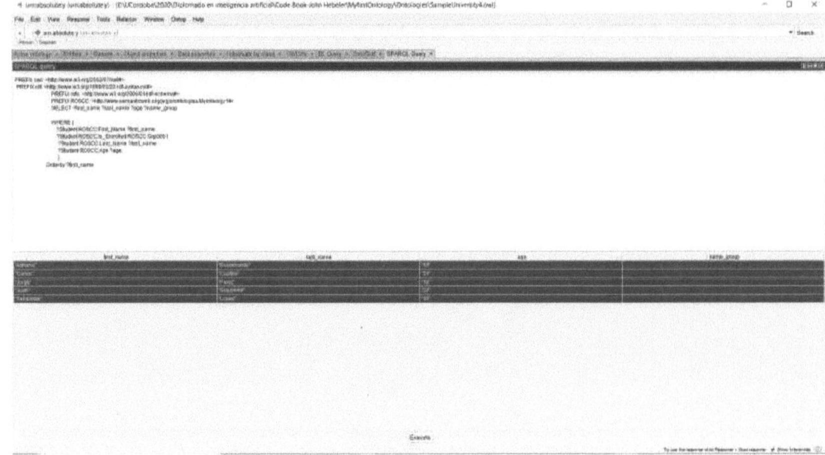

Figura 27. Resultado de uma consulta SparQL em Protegé.

Para o caso do projecto Netbeans. A implementação é dada da seguinte forma:
A figura 28 explica o espaço do nome

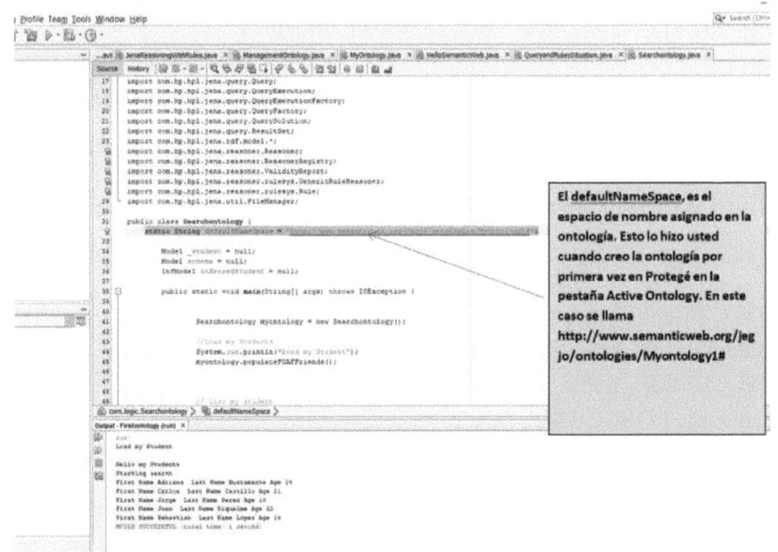

Figura 28. Explicação do namespace

```
    Modelo _estudante = nulo;
    Esquema do modelo = nulo;
```

```
        InfModel inferredStudent = nulo;
```

O _estudante e esquema do tipo Modelo são definidos para carregar o modelo
extraído da consulta. inferredStudent permite executar a inferência a partir do
raciocinador.

```
Searchontology myontology = nova Searchontologia();
```

A aula de Searchontologia está instalada em myontology
Esta secção permite-lhe carregar o ficheiro ontológico usando o método
populateFOAFFriends().

```
//Carregar os meus alunos
        System.out.println("Load my Student");
        myontology.populateFOAFFriends();
```

A invocação do método populateFOAFFriends(), permite extrair a ontologia do
ficheiro OWL, SampleUniversity4.owl

```
o vazio privado povoarFOAFFriends(){
        _student = ModelFactory.createOntologyModel();
        InputStream inFoafInstance =
FileManager.get().open("Ontologies/SampleUniversity4.owl");
        _student.read(inFoafInstance,defaultNameSpace);
        //inFoafInstance.close();


    }
```

O método myStudents, permite-lhe definir a consulta que irá exibir a informação
do estudante.

```
vazio privado myStudents(Modelo modelo modelo){
        //lista de estudantes
        runQuery("SELECT ? primeiro_nome ? último_nome ? idade ?
nome_grupo\n" ?
"        ONDE" {" +
"?        Student ROSCC:First_Name ? first_name. \n" +
?Student ROSCC:is_Enrrolled ROSCC:Grp0001.\n" +
"ROSCC:Último_nome_do_studante ? último_nome.\n" +
```

```
"?Student ROSCC:Age ?age.} \n" +
"               Orderby ? primeiro_nome ", modelo); //adicionar a cadeia de consulta


    }
```

O método runQuery permite-lhe adicionar os prefixos URL das ontologias a utilizar, depois o modelo de consulta myStudents é carregado.

```
runQuery(String queryRequest, Modelo modelo){

        StringBuffer queryStr = novo StringBuffer();
        // Estabelecer Prefixos
        //Set default Name space first
        queryStr.append("PREFIX
ROSCC:<http://www.semanticweb.org/jegjo/ontologies/Myontology1#>");
 queryStr.append("coruja PREFIX: <http://www.w3.org/2002/07/owl#>\n") ;
 queryStr.append("PREFIX rdf" + ": <" + "http://www.w3.org/1999/02/22-rdf-
syntax-ns#" + "> ");
 queryStr.append("PREFIX rdfs" + ": <" + "http://www.w3.org/2000/01/rdf-
schema#" + "> ");

        queryStr.append("PREFIX      foaf"    +    ":    <"    +
"http://xmlns.com/foaf/0.1/" + "> ");


        //agora adicionar consulta

        queryStr.append(queryRequest);
    Query query = QueryFactory.create(queryStr.toString()));
        QueryExecution qexec = QueryExecutionFactory.create(consulta,
modelo);
        tente {
        ResultSet resposta = qexec.execSelect();
    System.out.println("Iniciar pesquisa");
        while( resposta.hasNext()){

                QuerySolution soln = response.nextSolution();
                RDFNode firstname = soln.get("? first_name");
                RDFNode lasttname = soln.get("? last_name");
```

```
RDFNode age = soln.get("?age");


if( (primeiro nome != nulo) && (último nome != nulo) && (idade != nulo)){
                    System.out.println( "Primeiro  Nome  "  +  primeiro
nome.toString() +" "+ " Último Nome " + último nome.toString()+" Idade " +
idade.toString())
            }
         senão
                System.out.println("Nenhum                estudante
encontrado!");
            }
      } finalmente { qexec.close();}
      }
```

```
coruja PREFIX: <http://www.w3.org/2002/07/owl#>
 PREFIX rdf: <http://www.w3.org/1999/02/22-rdf-syntax-ns#>
            PREFIX    rdfs:    <http://www.w3.org/2000/01/rdf-
schema#>
            PREFIX                                    ROSCC:
<http://www.semanticweb.org/jegjo/ontologies/Myontology1#>
 SELECCIONAR ? primeiro_nome ? último_nome ?idade

         ONDE {
 ROSCC:Primeiro_nome_do_estudante ? primeiro_nome.
 Estudante ROSCC:is_Enrrolled ROSCC:Grp0001.
 ROSCC:Último_nome_do_estudante ? último_nome.
  ?Estudante ROSCC:Idade ?idade.
 Filtro(?idade >'16')
 }
 Orderby ? primeiro_nome
```

4.2. GESTÃO ONTOLÓGICA COM UM SERVIÇO WEB DESCANSADO COM JAVA

Requisitos

Feijões Netbeans 12.1

https://downloads.apache.org/netbeans/netbeans/12.1

Importante

Vamos utilizar o Payara Server como nosso servidor. Uma vez que vem com a biblioteca padrão Javax.ws.rs que é necessária.

Caso ao executar o servidor seja gerado um erro pela utilização do JDK 13 que traz por defeito esta versão do NetBeans 12.1, teríamos de instalar a versão JDK 8U111 (1.8).

https://www.oracle.com/technetwork/es/java/javase/downloads/jdk-netbeans-jsp-3413139-esa.html

Vamos para o ícone Novo Projecto e clicamos

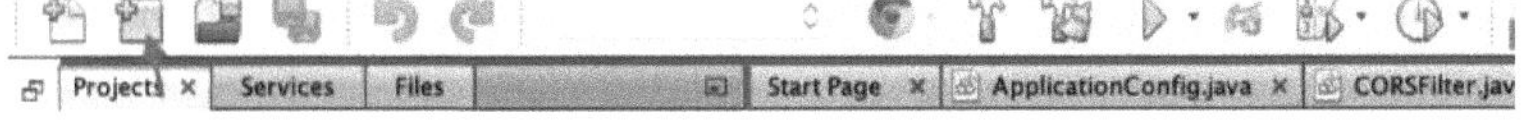

Seleccionamos Java com Ant, Java Web e finalmente Aplicação Web

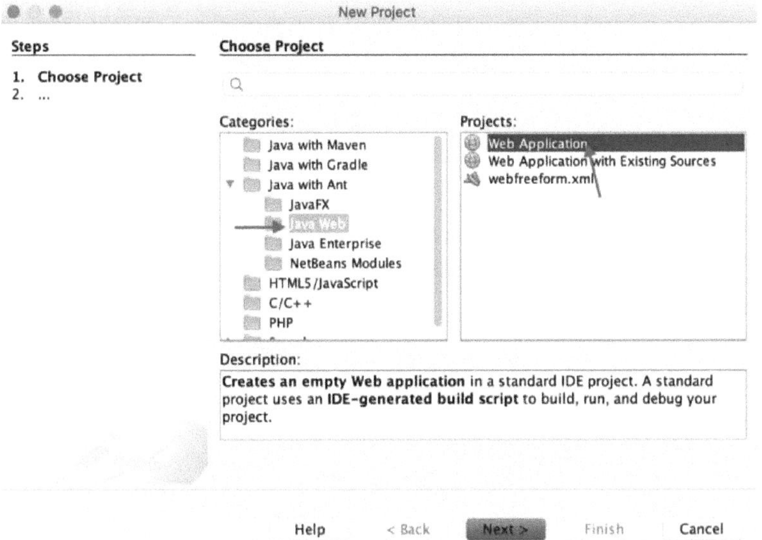

Escreva o nome do projecto e prima Seguinte

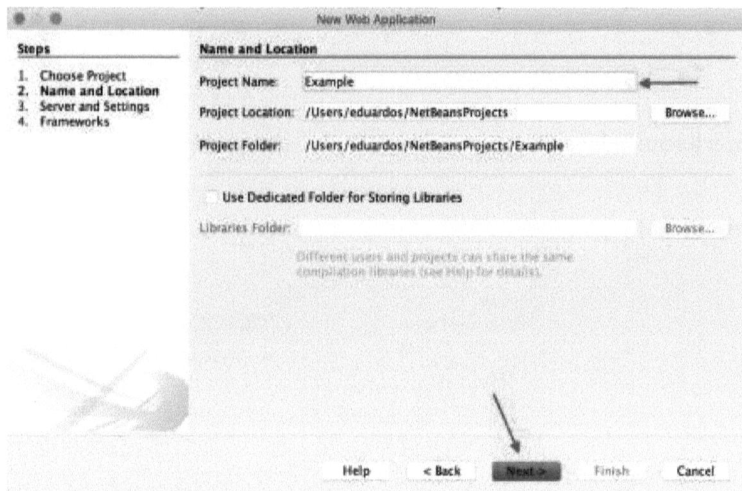

Seleccione **Servidor Payara** e prima Acabar

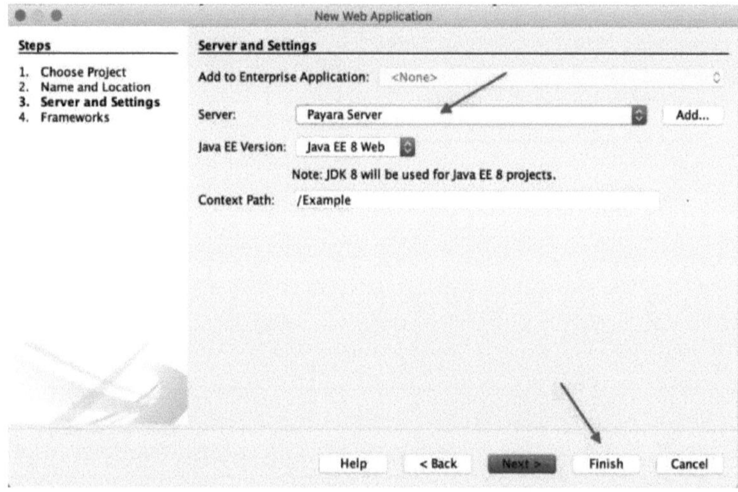

Uma vez criado o projecto, clique com o botão direito do rato, Novo, e seleccione a opção **RESTful Web Services a partir da** opção **Patterns.**

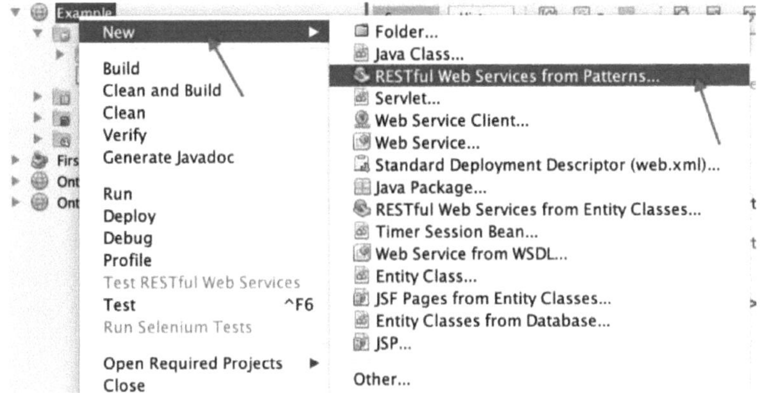

Seleccione a primeira opção e prima Seguinte

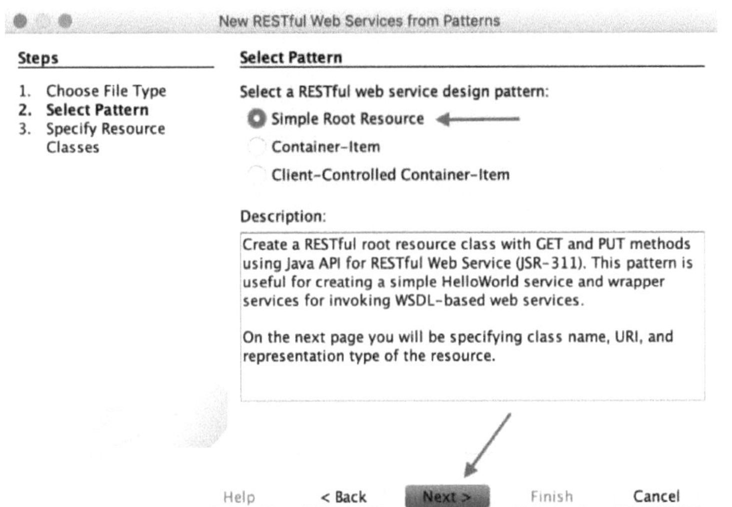

O nome do projecto deve aparecer por defeito. Nós escrevemos um nome para o pacote, por convenção, **API**.

Deixe o resto da configuração como padrão e prima Acabar.

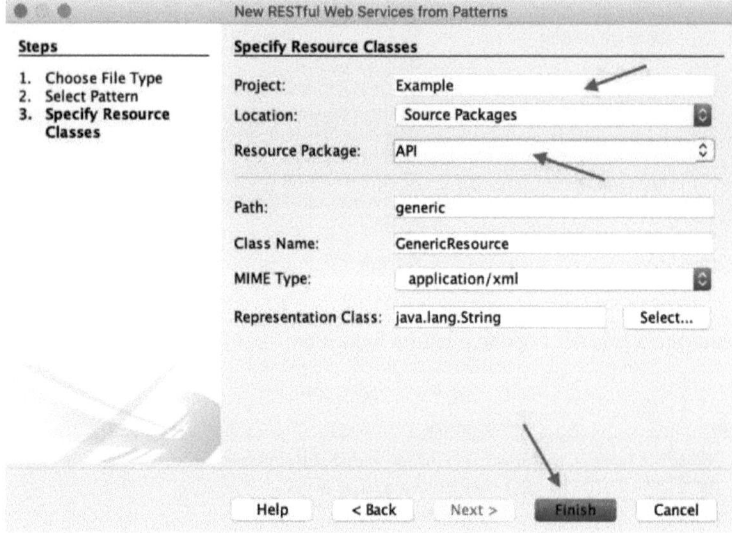

Esta é a estrutura que é criada para nós.

O ficheiro **GenericResources** contém dois pontos finais que são espelhados dentro da pasta **RESTful Web Services**. Se eliminarmos qualquer um deles, serão também eliminados do outro local.

Com isto, poderíamos executar o servidor e utilizar um destes dois pontos finais. Mas primeiro vamos modificar este ficheiro para que devolva o JSON das consultas OWL que fizermos.

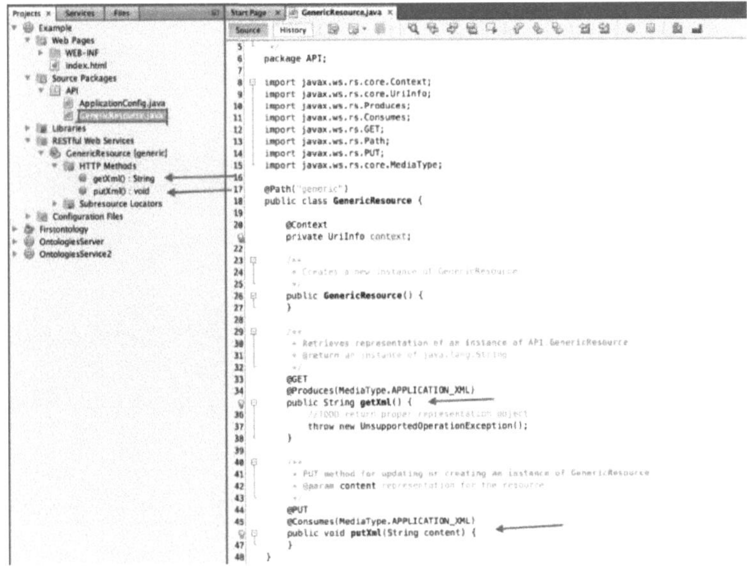

MODIFICAÇÃO DE FICHEIROS

Tendo em conta a seguinte imagem de como vai ser o nosso projecto, devemos acrescentar os ficheiros **CORSFilter.java** para a gestão CORS e o ficheiro **SampleUniversity4.owl que** contém as classes, propriedades e instâncias para fazer as consultas.

Além disso, modificar o ficheiro **GenericResources.java** para adicionar o código que recebe o nosso pedido GET e executa a consulta.

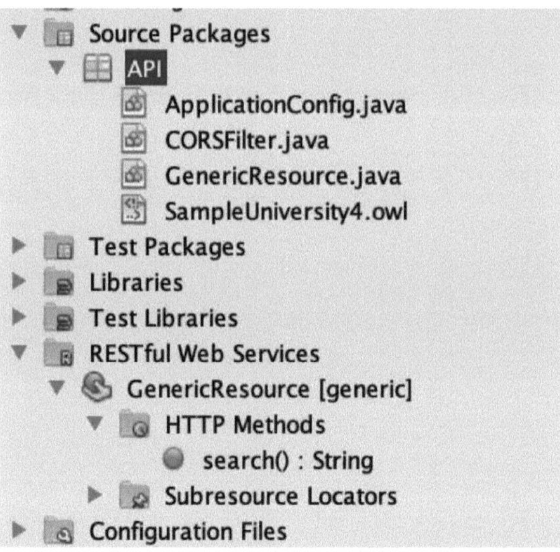

CORSFilter.java FILE CODE

Este ficheiro está encarregado de configurar as políticas CORS, para que o nosso servidor não rejeite os pedidos que fazemos de qualquer cliente.

```java
importação javax.ws.rs. contentor.ContainerRequestContext;

importação javax.ws.rs. contentor.contentorRespostaContexto;

importação javax.ws.rs. contentor.ContainerResponseFilter;

importação javax.ws.rs.ext.Provider;


@Provedor

classe pública CORSFilter implementa ContainerResponseFilter {


@Override

filtro vazio público(ContainerRequestContext pedidoContext,
ContainerResponseContext final) lança IOException {

  cres.getHeaders().add("Access-Control-Allow-Origin", "*");

  cres.getHeaders().add("Access-Control-Allow-Headers", "origem, tipo de
  conteúdo, aceitar, autorização");

  cres.getHeaders().add("Access-Control-Allow-Credentials",
  "verdadeiro");

  cres.getHeaders().add("Access-Control-Allow-Methods", "GET, POST,
  PUT, DELETE, OPTIONS, HEAD");

  cres.getHeaders().add("Access-Control-Max-Age", "1209600");

  }
```

```
}
```

CÓDIGO DE ARQUIVO AmostraUniversidade4.owl

O código deste ficheiro será enviado com esta documentação. Contém todas as classes, instâncias, relações e propriedades necessárias para fazer as consultas.

GenéricosResources.java FILE CODE

```
importação javax.ws.rs.core.Contexto;

importar javax.ws.rs.core.UriInfo;

importação javax.ws.rs.Produces;

importação javax.ws.rs.GET;

importação javax.ws.rs.Path;

importar javax.ws.rs.core.MediaType;

importação javax.ws.rs.QueryParam;


importar com.hp.hpl.jena.query.Query;

importar com.hp.hpl.jena.query.QueryExecution;

importação com.hp.hpl.jena.query.QueryExecutionFactory;

importação com.hp.hpl.jena.query.QueryFactory;

importar com.hp.hpl.jena.query.QuerySolution;

importar com.hp.hpl.jena.query.ResultSet;

importar com.hp.hpl.jena.rdf.model.*;

importar com.hp.hpl.jena.util.FileManager;
```

```java
importação java.io.InputStream;

importação javax.ws.rs.DefaultValue;


/**

       Serviço Web REST

*

*@author eduardos */ @Path("genérico")

classe pública GenericResource {

estático String defaultNameSpace =
"http://www.semanticweb.org/jegjo/ontologies/Myontology1#"; Modelo _student = nulo;

Esquema do modelo = nulo;

InfModel inferredStudent = nulo;


@Contexto
contexto privado UriInfo;

/**

*Cria   uma nova instância de GenericResource */

public GenericResource() {

}


/**

*Retriva a      representação de uma instância de API.GenericResource

*@retornar    uma instância de java.lang.String

*/
```

```java
@GET

@Produces(MediaType.APPLICATION_JSON)

pesquisa pública de cordas(

@DefaultValue("1") @QueryParam("opção") Opção de corda,

@DefaultValue("Grp0001") @QueryParam("grupo") Grupo de cordas,

@DefaultValue("") @QueryParam("comparativo") String comparative,

@DefaultValue("") @QueryParam("atribuição") String assignment,

@DefaultValue("") @QueryParam("género") Género da corda,

@DefaultValue("") @QueryParam("idade") Idade da corda,

@DefaultValue("") @QueryParam("grade") String grade

) {

GenericResource myontology = novo GenericResource();

myontology.populateFOAFFriends();

String json = myontology.myStudents(myontology._student, option, age, comparative, group,
assignment, grade, gender); return json;

}


o vazio privado povoarFOAFFriends(){

_student = ModelFactory.createOntologyModel();

InputStream inFoafInstance =

FileManager.get().open("/Users/eduardos/NetBeansProjects/OntologiesService2/src/java/API/
SampleUniversity4.owl");

_student.read(inFoafInstance,defaultNameSpace);

}
```

String myStudents(Modelo de corda, opção String, Idade da corda, Expressão comparativa da corda, Grupo de corda, Atribuição de corda, Grau da corda, Género da corda){

Consulta de cordas = "";

interruptor (opção) {

caso "1": {

consulta = "SELECT ? primeiro_nome ? último_nome ? idade ? nome_grupo\n" ?

"   ONDE" {" +

"   ?Student ROSCC:First_Name ? first_name. \n" +

"   ?Estudante ROSCC:is_Enrrolled ROSCC:" + grupo + ".\n" +

"   ?ROSCC:Sobrenome_do_studante ? sobrenome.nome.\n" +

"   ?Student ROSCC:Age ?age.} \n" +

"   Orderby ? first_name";

pausa;

}

caso "2": {

consulta = "SELECCIONAR ? primeiro_nome ? último_nome ?idade" ?

"   ONDE" {" +

"   ?Student ROSCC:First_Name ? first_name. \n" +

"   ?Student ROSCC:is_Enrrolled ROSCC:is_Enrrolled ROSCC:" + grupo + ". \n" +

"   ?ROSCC:Último_nome_do_estudante ? último_nome. \n" +

"   ?Estudante ROSCC:Idade ?idade. Filtro(?idade "+ comparativo Expressão + """ +
idade + "') } \n" +

```
"        Orderby ? first_name";

pausa;

}

caso "3": {

consulta = "SELECCIONAR ? primeiro_nome ? último_nome ?idade" ?

"        ONDE" {" +

"        ?Professor ROSCC:Nome_Primeiro_nome ? primeiro_nome. \n" +

"        ?Teacher ROSCC:is_Imparted ROSCC:is_Imparted ROSCC:" + atribuição + ". \n" +

"        ?Professor ROSCC:Último_nome ? último_nome. \n" +

"        ?Teacher ROSCC:Age ?age.} \n" +

"        Orderby ? first_name";

pausa;

}

caso "4": {

consulta = "SELECCIONAR ? primeiro_nome ? último_nome ?idade" ?

"        ONDE" {" +

"        ?Student ROSCC:First_Name ? first_name. \n" +

"        ?Classificação ROSCC:is_A_Student ?Student. \n" +

"        ?Estudante ROSCC:Idade ?idade. \n" +

"        ?ROSCC:Sobrenome_do_studante ? sobrenome.nome.\n" +

"        ?Classificação ROSCC:Acabamento_Grade ? acabamento_grade. Filter(? finish_grade
" + comparativeExpression + """ + grade + "") } \n" +

"        Orderby ? first_name";
```

```java
pausa;

}

caso "5": {

consulta = "SELECCIONAR ? primeiro_nome ? último_nome ?idade" ?

"       ONDE" {" +

"       ?Professor ROSCC:Nome_Primeiro_nome ? primeiro_nome. \n" +

"       ?Teacher ROSCC:is_Imparted ?assignment. \n" +

"       ?Professor ROSCC:Último_nome ? último_nome. \n" +

"       ?Teacher ROSCC:Idade ?idade. \n" +

"       ?Teacher ROSCC:Género ?género. Filtro(?sexo = """ + sexo + "') } \n" +

"       Orderby ? first_name";

pausa;

}

padrão: devolver "";

}

//lista de estudantes

retornar runQuery(consulta, modelo); //adicionar a cadeia de consulta

}


private String runQuery(String queryRequest, Modelo modelo){

StringBuffer queryStr = novo StringBuffer();

// Estabelecer Prefixos

//Set default Name space first
```

```java
queryStr.append("PREFIX
ROSCC:<http://www.semanticweb.org/jegjo/ontologies/Myontology1#>");
queryStr.append("PREFIX owl: <http://www.w3.org/2002/07/owl#>");
queryStr.append("PREFIX rdf" + ": <" + "http://www.w3.org/1999/02/22-rdfsyntax-ns#" + ">
"); queryStr.append("PREFIX rdfs" + ": <" + "http://www.w3.org/2000/01/rdfschema#" + ">
"); queryStr.append("PREFIX foaf" + ": <" + "http://xmlns.com/foaf/0.1/" + ">");

//agora adicionar consulta


queryStr.append(queryRequest);

Query query = QueryFactory.create(queryStr.toString()));

QueryExecution qexec = QueryExecutionFactory.create(consulta, modelo);


String json = "";

tente {

ResultSet resposta = qexec.execSelect();

System.out.println("Iniciar pesquisa");


while(response.hasNext()){

QuerySolution soln = response.nextSolution();

RDFNode firstname = soln.get("? first_name");

RDFNode lasttname = soln.get("? last_name");

RDFNode age = soln.get("?age");


if( (primeiro nome != nulo) && (último nome != nulo) && (idade != nulo)){

json += "nome":{"name":\""+ firstname.toString() +"\"," +
```

```
""último_nome":\""+ último_nome.toString() +"\"," +

"idade":idade.toString() +"idade"+"idade"}";


se (resposta.hasNext())) json += ",";

} else {

System.out.println("Não foram encontrados dados!");

}

}


} finalmente { qexec.close();

}


retornar "[" + json + "]";

}

}
```

Este ficheiro contém um ponto final GET que se chama **pesquisa**. Dentro dele recebemos os **Parâmetros de Consulta** que são enviados a partir do pedido do cliente.

IMPORTANTE

No método **populateFOAFFriends()**, a localização do ficheiro **SampleUniversity4.owl** deve ser substituída pela localização onde se encontra no seu computador.

```java
    }

    private void populateFOAFFriends(){
        _student = ModelFactory.createOntologyModel();
        InputStream inFoafInstance = FileManager.get().open("/Users/eduardos/NetBeansProjects/OntologiesService2/src/java/API/SampleUniversity4.owl");
        _student.read(inFoafInstance,defaultNameSpace);
    }
```

Caso contrário, dará um erro ao consultar porque não encontrará o ficheiro.

Com isto, já teria implementado o seu Serviço Web RESTFul em Java. Só precisamos de qualquer cliente para o consumir.

EXEMPLO DE APLICAÇÃO DO CLIENTE

Este cliente consiste num ficheiro HTML no qual importamos estilos da estrutura Bootstrap CSS e fazemos uso da biblioteca AXIOS para fazer o pedido de GET ao nosso servidor. Além disso, fazemos uso de um ficheiro chamado Index.js para obter os dados a partir do HTML e fazer o pedido.

IMPORTANTE: Ambos os ficheiros devem estar na mesma pasta.

INDEX.HTML CÓDIGO DO FICHEIRO

```html
<!DOCTYPE html>

<html lang="pt">

<head>

<meta charset="UTF-8">

<meta name="viewport" content="width=device-width, initial-scale=1.0">

<link rel="stylesheet" href="https://stackpath.bootstrapcdn.com/bootstrap/5.0.0-
```

alpha1/css/bootstrap.min.css" integrity="sha384-r4NyP46KrjDleawBgD5tp8Y7UzmLA05oM1iAEQ17CSuDqnUK2+k9luXQOfXJCJ4I" crossorigin="anónimo">

<título>LínguasWeb Ontologias</título>.

</head>

<estilo do corpo="fundo: #fafafa;">

<div class="container pt-4">

<div class="row">

<div class="col-4">

<div class="border bg-white rounded p-4">

<h4 class="mb-4">Menu</h4>.

<div class="row">

<div class="col-6">

<h6> Opção</h6>

<input id="option" type="text" class="form-control mb-3">

</div>

<div class="col-6">

<h6>Grupo</h6>.

<input id="group" type="text" class="form-control mb-3">
</div>

<div class="col-6">

```html
<h6>Sinal comparativo</h6>.

<input id="comparative" type="text" class="form-control mb-3">

</div>

<div class="col-6">

<h6> Curso</h6>

<input id="assigned" type="text" class="form-control mb-3">

</div>

<div class="col-6">

<h6> Género</h6>.

<input id="gender" type="text" class="form-control mb-3">

</div>

<div class="col-6">

<h6> Idade</h6>.

<input id="age" type="text" class="form-control mb-3">

</div>

<div class="col-12">

<h6>Nota</h6>.

<input id="grade" type="text" class="form-control mb-4">
</div>
```

<div class="col-12">

<button class="btn btn-primary btn-block" onclick="send()"> Search</button>>
</div> </div>

</div>

</div>

<div class="col-8">

<div class="border bg-white rounded p-4 mb-4">

<h4 class="mb-4"> Consultas disponíveis</h4>.

<div class="row">

< div class="col-6">

<p>1. Listar os alunos por grupo</p> 2.

</div>

<div class="col-6">

<p>2. Listar os estudantes por grupo e idade</p>3.

</div>

<div class="col-6">

<p>3. Listar professores por assunto</p>

</div>

<div class="col-6">

<p>4. Listar os alunos por notas</p>.

</div>

<div class="col-6">

<p>5. Listar os professores por sexo</p> <p>5.

</div>

</div>

</div>

<div class="border bg-white rounded p-4">

<h4 class="mb-4"> Resultado</h4>.

<div id="resultado"></div>

</div>

</div>

</div>

</div>

<script src="_COPY16@1.16.0/dist/umd/popper.min.js" integrity="sha384-Q6E9RHvbIyZFJoft+2mJbHaEWldlvI9IOYy5n3zV9zzTtmI3UksdQRVvoxMfooAo" crossorigin="anónimo"></script>

<script src="https://stackpath.bootstrapcdn.com/bootstrap/5.0.0-alpha1/js/bootstrap.min.js" integrity="sha384-oesi62hOLfzrys4LxRF63OJCXdXDipiYWBnvTl9Y9/TRlw5xlKIEHpNyvvDShgf/" crossorigin="anónimo"></script>

<script src="https://cdn.jsdelivr.net/npm/axios/dist/axios.min.js"></script>
<script src="./index.js"></script>

```
</ corpo>

</html>
```

CÓDIGO DE FICHEIRO INDEX.JS

```js
const send = async () => {

const option = document.getElementById('option').value

const group = document.getElementById('group').value

const comparative = document.getElementById('comparativo').value

const assignment = document.getElementById('assignment').value

const gender = document.getElementById('gender').value

const age = document.getElementById('age').value

const grade = document.getElementById('grade').value


const queryParams =

`?opção=${opção}&grupo=${grupo}&comparativo=${comparativo}& atribuição=${
atribuição}&sexo=${sexo}& idade=$${idade}&grau =${grau}``


tente {

const { data } = esperar
axios.get(`http://localhost:8080/OntologiesService2/webresources/generic${queryParams}`)

const resultDiv = document.getElementById('resultado')

let stringHtml = '<div class="alert alert-primary" role="alert">sem resultados</div>'


se (data.length > 0) {

const itens = data.map(item =>

`<tr>

<td>${item.nome}< /td>.

<td>${item.último_nome}</td>.
```

```javascript
<td>${item.idade} anos</td>.

</tr>``

).join('')

stringHtml =

`<classe da mesa="tabela">

< thead>

<tr>

< th scope="col"> First name</th>.

< th scope="col"> Apelido</th>

< th scope="col"> Age</th>.

</tr>

</thead>

< tbody>${items}</tbody>

</tabela>```

}


resultDiv.innerHTML = stringHtml

} catch (err) { consola.log(err)

}

}
```

Deve alterar o URL encontrado no método **axios.get**() para o que é gerado pelo seu servidor.

```
try {
  const { data } = await axios.get('http://localhost:8080/OntologiesService2/webresources/generics{queryParams}')
  const resultDiv = document.getElementById('result')
  let stringHtml = '<div class="alert alert-primary" role="alert">Sin resultados</div>'
```

Para gerar esse URL deve clicar com o botão direito do rato no seu projecto e premir a opção EXECUÇÃO (RUN). Uma vez em execução, clique com o botão direito do rato na **busca() :** Método de **corda** e prima **Test Resource Uri**.

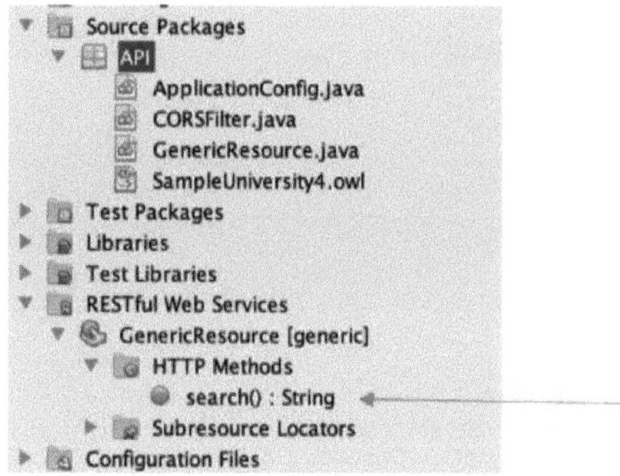

Uma vez implementado o código acima nos seus respectivos ficheiros, podemos abrir **Index.html**

Ser-nos-á mostrada uma página web como a seguinte, na qual poderemos introduzir os valores para cada consulta e veremos os resultados do nosso **Serviço Web RESTFul**.

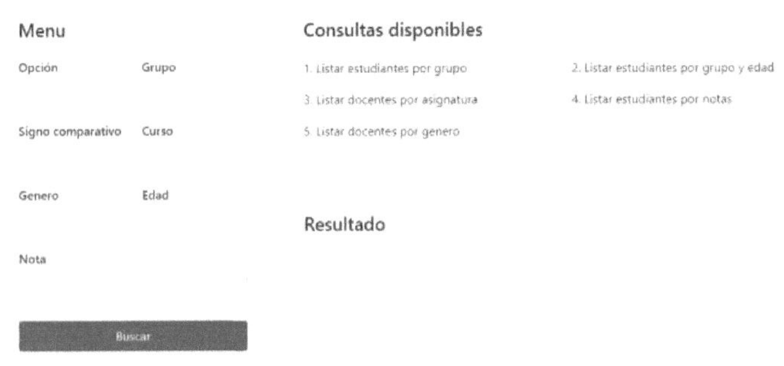

Por exemplo, se quiser executar a consulta 1, deve introduzir no campo de opção o número 1 e no campo de grupo, o grupo pelo qual pretende filtrar. Por exemplo, Grp0001.

4.3 Criação de Serviço Web para uso Ontologico

Este guia mostra o passo a passo na criação de um serviço web para consulta de ontologias, não mostrará o passo a passo na criação da aplicação web cliente que consome este serviço web.

Netbeans Versão 11.3

1. Primeiro crie um novo projecto clicando no botão do novo projecto, depois escolha a secção "Ant -> Web Aplication".

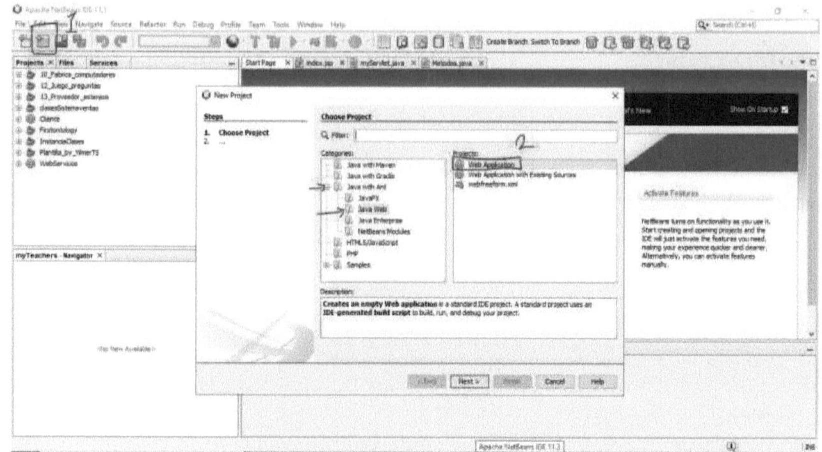

2. Depois damos o nome "WebServices" ao nosso projecto neste caso, e a seguir carregamos no botão "WebServices".

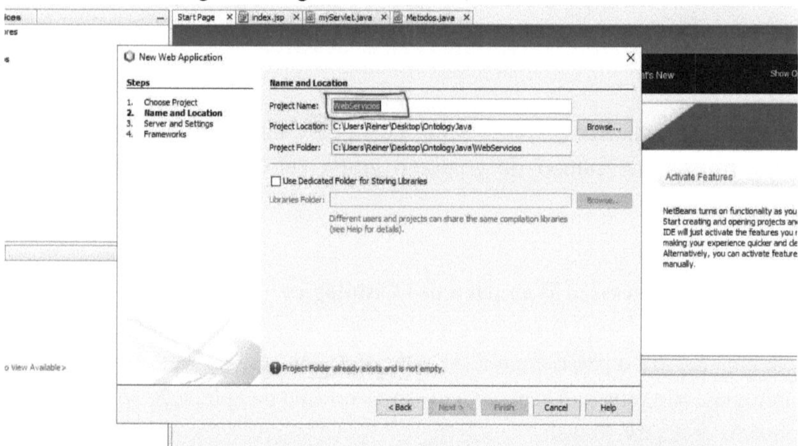

3. Escolha o servidor glassfish e a última versão do Java EE e prima FINISH.

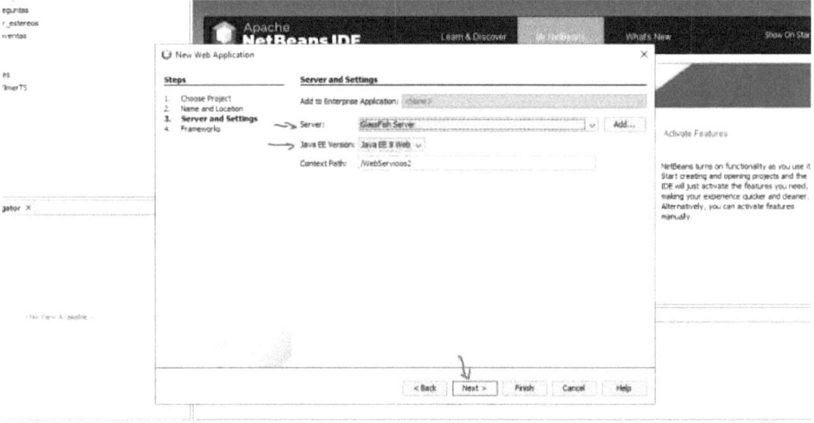

4. Ficaremos com algo parecido com isto.

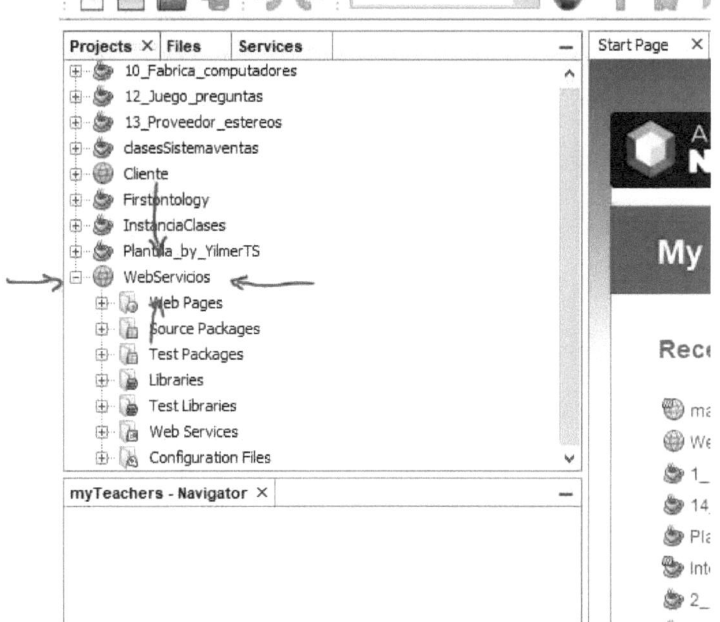

5. Clicamos com o botão direito do rato no nosso projecto, depois escolhemos New -> WebService, damos-lhe o nome WebService e no nome do pacote colocamos WS e pressionamos FINISH. Como se mostra

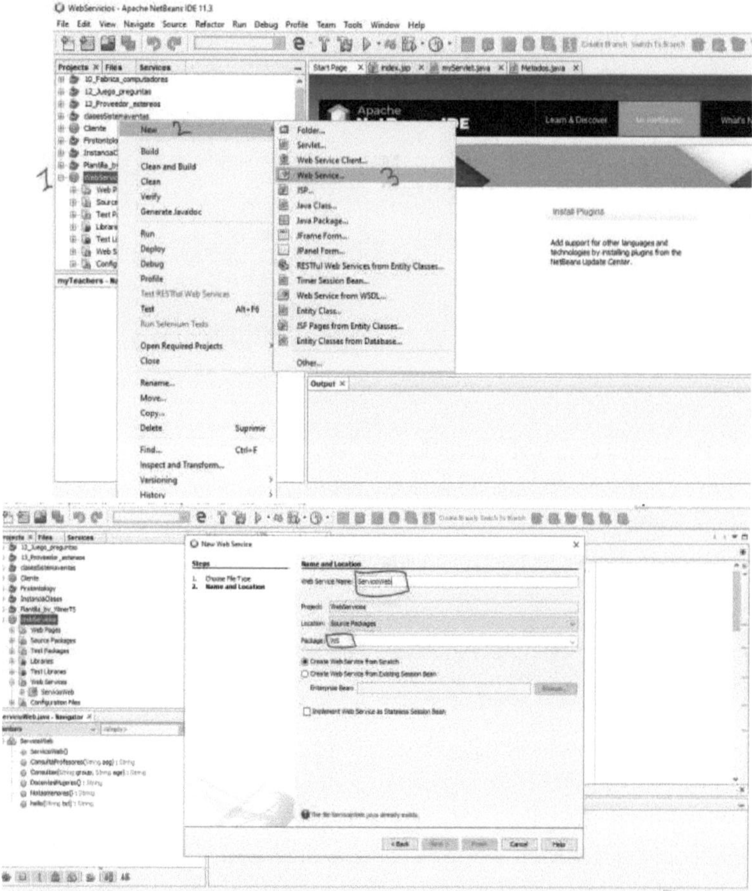

6. Vamos gerar algo como o que vemos na imagem seguinte, vemos claramente que criámos o nosso Serviço Web, mas este só tem uma pergunta chamada "olá".

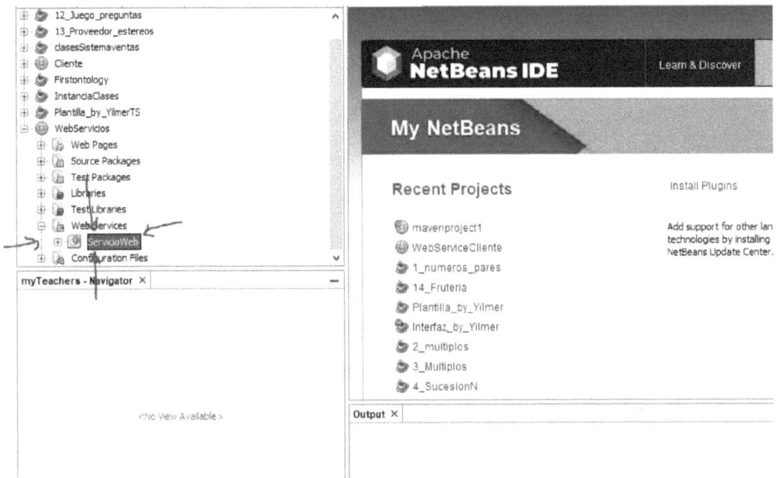

7. Agora vamos criar uma classe chamada "Métodos" no pacote chamado WS que foi criado automaticamente quando criámos o WebService, para isso clicamos com o botão direito do rato no pacote WS -> New - > Class Java

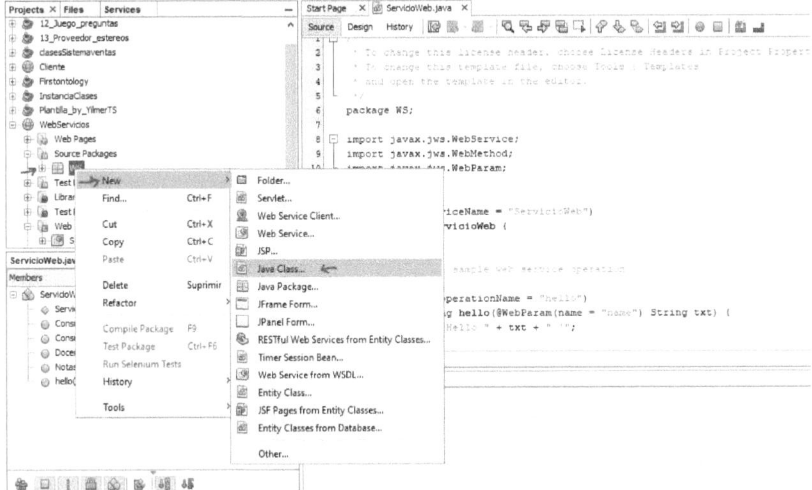

8. Nomeamos a nossa classe Java como "Métodos" e é nesta classe que colocaremos todo o código que irá interagir com a nossa ontologia.

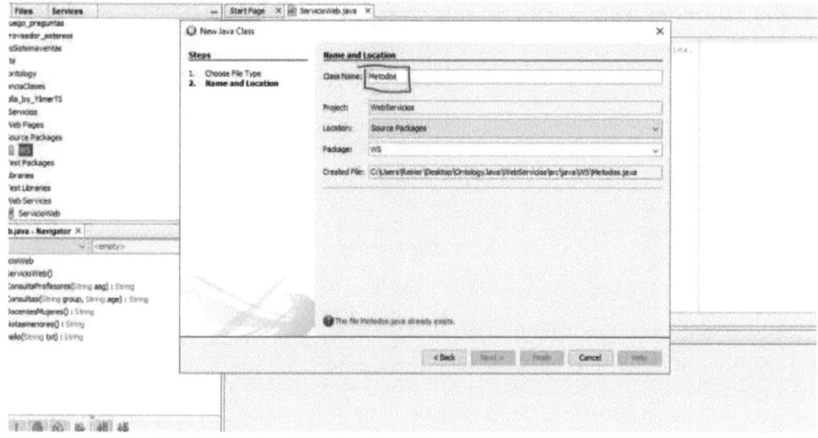

9. Agora iremos proceder à importação das bibliotecas que o nosso serviço web irá utilizar para isso clicamos com o botão direito do rato na pasta "Bibliotecas" do nosso projecto e depois "Adicionar JAR/pasta...".

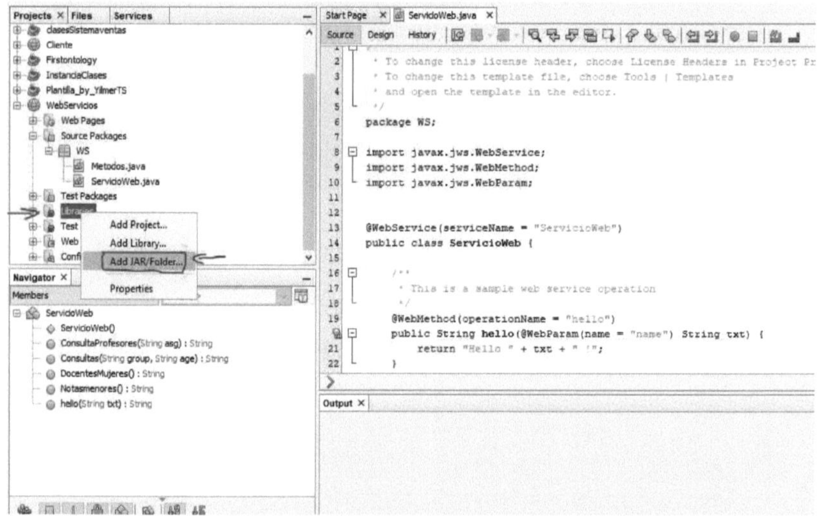

10. Navegue até à localização das bibliotecas descarregadas no seu computador, seleccione todas as bibliotecas e prima "Open".

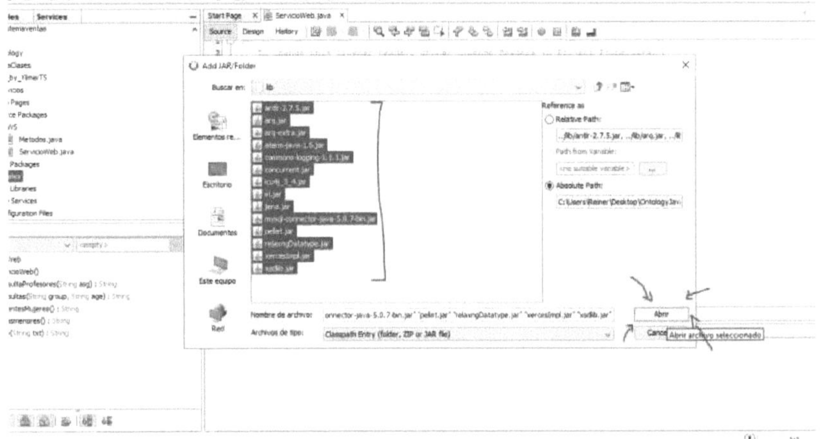

Deveríamos ficar com algo parecido com isto.

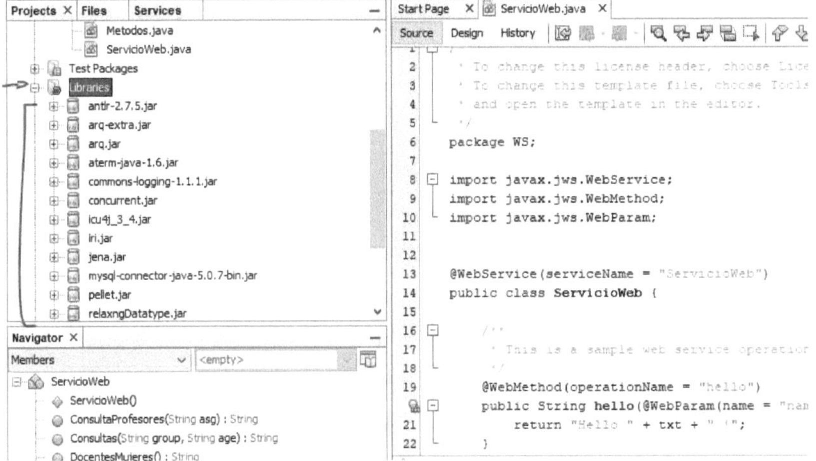

11. Agora voltamos à nossa classe "Métodos" que criámos dentro do pacote WS há momentos atrás.

Copiamos e colamos as seguintes importações no cabeçalho da classe, como se mostra abaixo.

importação java.io.IOException;

importação java.io.InputStream;

importação java.util.Iterator;

importação org.mindswap.pellet.jena.PelletReasonerFactory;

importar com.hp.hpl.jena.query.Query;

importar com.hp.hpl.jena.query.QueryExecution;

importação com.hp.hpl.jena.query.QueryExecutionFactory;

importação com.hp.hpl.jena.query.QueryFactory;

importar com.hp.hpl.jena.query.QuerySolution;

importar com.hp.hpl.jena.query.ResultSet;

importar com.hp.hpl.jena.rdf.model.*;

importar com.hp.hpl.jena.reasoner.Reasoner;

importar com.hp.hpl.jena.reasoner.ReasonerRegistry;

importar com.hp.hpl.jena.reasoner.validityReport;

importar com.hp.hpl.jena.reasoner.rulesys.GenericRuleReasoner;

importar com.hp.hpl.jena.reasoner.rulesys.Rule;

importar com.hp.hpl.jena.util.FileManager;

importar WS.Methods.defaultNameSpace estático;

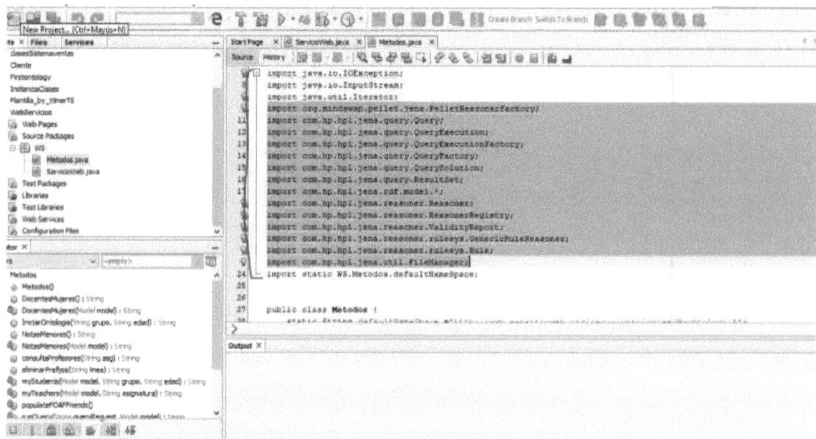

Nota: Se importarmos correctamente as bibliotecas no passo 10, não receberemos qualquer erro ao colar as importações na nossa classe "Métodos".

12. Dentro da nossa classe pública **Métodos**, colamos o seguinte código que irá aceder à nossa ontologia e executar as respectivas consultas.

static String defaultNameSpace
="http://www.semanticweb.org/jegjo/ontologies/Myontology1#";
   Modelo _estudante = nulo;
   Esquema do modelo = nulo;
InfModel inferredStudent = nulo;
   String result="""";

```java
    public String InitiateOntology(Grupo de cordas,Idade das cordas){
Mitologia de métodos = novos métodos();
myontology.populateFOAFFriends();
    String res=myontologia.myStudents(myontology._student,grupo,idade);
res. de    retorno;
    }
    public String consultaProfesores(String asg){
Mitologia de métodos = novos métodos();
myontology.populateFOAFFriends();
    String res=myontology.myTeachers(myTelogy._student,asg);
res. de    retorno;
    }
    public String MinorNotes(){
Mitologia de métodos = novos métodos();
myontology.populateFOAFFriends();
    String res=myontology.NotesMinors(myontology._student);
res. de    retorno;
    }
    public String DocentesMujeres(){
Mitologia de métodos = novos métodos();
myontology.populateFOAFFriends();
    String res=myontologia.DocentesMujeres(myontology._student);
res. de    retorno;
    }


o    vazio privado povoarFOAFFriends(){
    _student = ModelFactory.createOntologyModel();
InputStream inFoafInstance =
FileManager.get().open("C:/Users/Reiner/Reiner/Desktop/OntologyJava/WebSe
rvices/Ontologies/SampleUniversity4.owl");
    _student.read(inFoafInstance,defaultNameSpace);
    se (inFoafInstance == nulo) {
resultado="não encontrado";
    lançar novo IllegalArgumentException("File: " +
"Ontologies/SampleUniversity4.owl" + " not found");

    }
    //inFoafInstance.close();
```

```java
    }

    Private String myStudents(Modelo de modelo,Grupo de cordas,Idade das
cordas){
    String res=runQuery("SELECT ? primeiro_nome ? último_nome ?idade\n "+
        "ONDE" {"+
"?ROSCC:Primeiro_nome_do_estudante ? primeiro_nome.\n "+
"?Estudante ROSCC:is_Enrrolled ROSCC:is_Enrrolled ROSCC: "+grupo+".\n
"+
"?ROSCC:Último_nome_do_studante ? último_nome.\n "+
"?Student ROSCC:Age ?age.age.+".
        "Filtro(?idade >'"+idade+"")}n "+
        "Orderby ? first_name", modelo); //adicionar a cadeia de consulta
res. de    retorno;
    }
    private String myTeachers(Modelo de modelo,String asignatura){
        //lista de estudantes
        String res=runQuery("SELECT ? primeiro_nome ? último_nome ?idade\n
"+
        "ONDE" {"+
"?Professor ROSCC:Nome_Primeiro_nome.\n "+
"?Teacher ROSCC:is_Imparted ROSCC: "+subject+".\n "+
"?Professor ROSCC:Último_nome ? último_nome.\n "+
"?Teacher ROSCC:Age ?age.age.}"+
        "Orderby ? first_name", modelo); //adicionar a cadeia de consulta
res. de        retorno;
    }
    private String NotasMenores(Modelo modelo){
        String res=runQuery("SELECCIONAR ? primeiro_nome ? último_nome
?idade ? acabamento_grade\n" +
        "ONDE" {" +
"?Student ROSCC:First_Name ? first_name. \n" +
"?Classificação ROSCC:is_A_Student ?Student.\n "+
"?Classificação ROSCC:Finish_Grade ? finish_grade.grade.\n" +
"ROSCC:Último_nome_do_studante ? último_nome.\n" +
"?Student ROSCC:Age ?age.age.age.age" +
        "Filter(? finish_grade <='3')}"+
        "Orderby ? first_name", modelo); //adicionar a cadeia de consulta
res. de    retorno;
```

```java
    }

  private String DocentesMujeres(Modelo modelo modelo){
  String res=runQuery("SELECT ? primeiro_nome ? último_nome ? idade ?
    "ONDE" {" +
"?Professor ROSCC:Nome_Primeiro_nome ? primeiro_nome. \n" +
"?Teacher ROSCC:is_Imparted ? assingment.\n "+
"?Professor ROSCC:Último_nome ? último_nome.\n" +
"?Teacher ROSCC:Age ?age.age.\n" +
"?Teacher ROSCC:Gender ?gender.gender.\n" +
    "Filtro(?sexo = 'F')}"+
    "Orderby ? first_name", modelo); //adicionar a cadeia de consulta
res. de    retorno;
  }

  private String runQuery(String queryRequest, Modelo modelo){
StringBuffer queryStr = novo StringBuffer();
  // Estabelecer Prefixos
  //Set default Name space first
queryStr.append("PREFIX ROSCC:ROSCC"
+"<http://www.semanticweb.org/jegjo/ontologies/Myontology1#>");
 queryStr.append("coruja PREFIX: <http://www.w3.org/2002/07/owl#>\n") ;
 queryStr.append("PREFIX rdf" + ": <" + "http://www.w3.org/1999/02/22-rdf-
syntax-ns#" + "> ");
 queryStr.append("PREFIX rdfs" + ": <" + "http://www.w3.org/2000/01/rdf-
schema#" + "> ");
 queryStr.append("PREFIX foaf" + ": <" + "http://xmlns.com/foaf/0.1/" + ">");

  //agora adicionar consulta
queryStr.append(queryRequest);
  Query query = QueryFactory.create(queryStr.toString()));
QueryExecution qexec = QueryExecutionFactory.create(consulta, modelo);
  tente {
ResultSet resposta = qexec.execSelect();
  //System.out.println("Starting search");
while( resposta.hasNext()){
QuerySolution soln = response.nextSolution();
RDFNode firstname = soln.get("? first_name");
RDFNode lasttname = soln.get("? last_name");
```

```
RDFNode age = soln.get("?age");
if( (primeiro nome != nulo) && (último nome != nulo) && (idade != nulo)){

resultado+="<div class="alert alert-aler-info" role="alert">Primeiro nome: " +
nome.toString() +""+
                "Apelido: " + sobrenome.toString()+
                " Age: " + age.toString()+"</div>";


    }
  senão
resultado="Nenhum estudante encontrado! ";
   }
   } finalmente {
qexec.close();}
resultado do      retorno;
   }

Eliminar Prefixos de    Cordas públicas (Linha de Cordas){

line=line.replace("^^http://www.semanticweb.org/jegjo/ontologies/Myontology
1#",
"");
linha de retorno;
   }
```

Ficaríamos com algo parecido com isto.

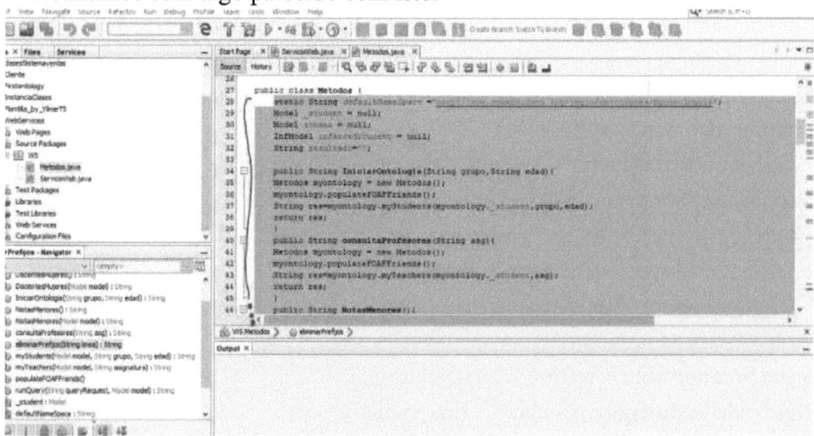

13. Agora fazemos duplo clique no ficheiro WebService que se encontra ao lado da nossa classe de métodos.

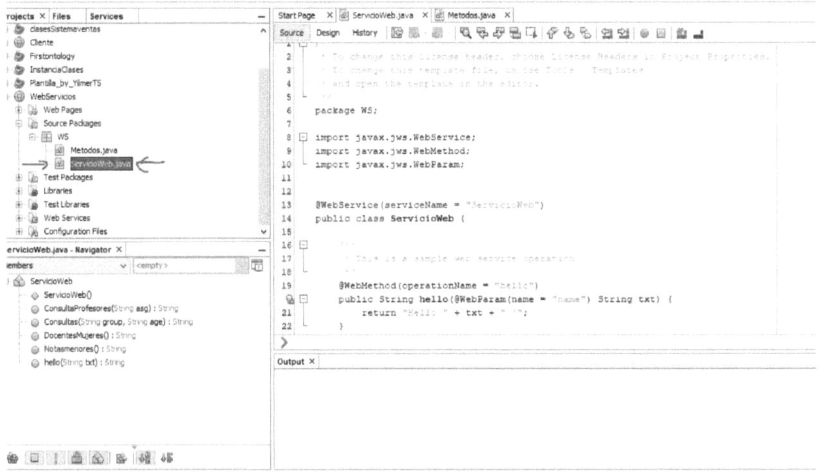

14. Depois colamos o seguinte código dentro deste.

```
pacote WS;

importar javax.jws.WebService;
importação javax.jws.WebMethod;
importar javax.jws.WebParam;


@WebService(serviceName = "WebService")
WebService de classe pública {

    /**
     * Esta é uma operação de serviço web de amostra
     */
    @WebMethod(operationName = "olá")
    public String hello(@WebParam(name = "nome") String txt) {
        retornar "Olá" + txt + " !";
    }

    /**
    Operação de serviço Web
    */
```

```java
    @WebMethod(operationName = "Queries")
    public String Consultas(@WebParam(nome = "grupo") String
grupo, @WebParam(nome = "idade") String idade) {
        //TODO escreva aqui o seu código de implementação:
Métodos obj=novos Métodos();
        String result=obj.InitializeOntology(grupo,idade);
resultado do        retorno;
    }


    /**
     Operação de serviço Web
     */
    @WebMethod(operationName = "ConsultaProfesores")
    public String ConsultaProfesores(@WebParam(name = "asg")
String asg) {
Métodos obj=novos Métodos();
        String result=obj.queryTeachers(asg);
resultado do        retorno;
    }


    /**
     Operação de serviço Web
*/
    @WebMethod(operationName = "NotesMinors")
notas públicas de cordasMinors() {
Métodos obj=novos Métodos();
String result=obj.MinorNotes();
resultado do        retorno;
    }


    /**
     Operação de serviço Web
     */
    @WebMethod(operationName = "TeachersWomen")
    public String DocentesMujeres() {
Métodos obj=novos Métodos();
        String result=obj.TeachersWomen();
resultado do        retorno;
    }
```

```
}
```

15. Pronto se fizermos todos os mesmos passos, o nosso serviço web será criado e executado. Para testar se o nosso WebService está a funcionar, fazemos o seguinte.

Gerimos o nosso Serviço Web.

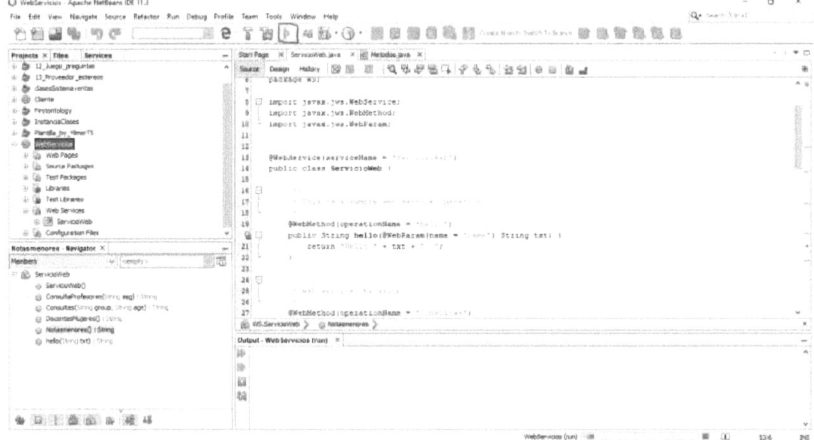

Uma vez executado o nosso serviço web isto abrirá o navegador mostrando-nos que o servidor foi executado correctamente no nosso sistema.

Depois disso, vamos à netbeans e implantamos a pasta Web Services - depois clique com o botão direito do rato em Web Service ->Test Web Service.

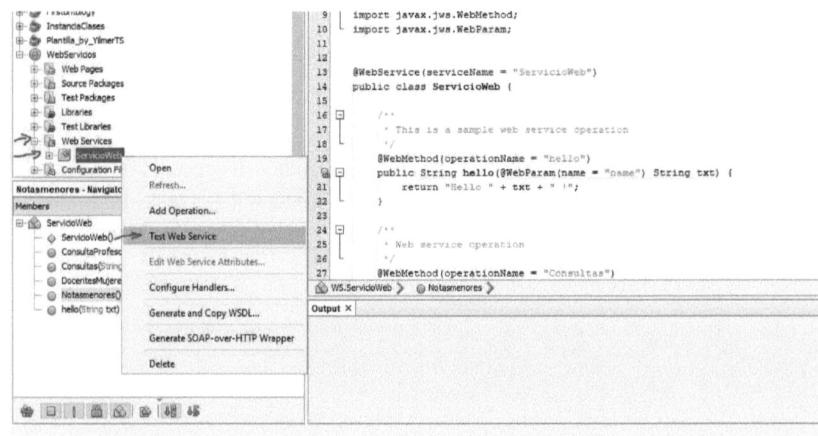

Isto abrirá o navegador Internet Explorer e mostrar-nos-á uma página predefinida que a netbeans cria para testar o nosso serviço web e as consultas que criamos.

Agora só precisamos de introduzir dados e verificar se estamos a fazer a consulta à ontologia correctamente.

This form will allow you to test your web service implementation (WSDL File)

To invoke an operation, fill the method parameter(s) input boxes and click on the button labeled with the method name.

Methods :

public abstract java.lang.String ws.ServicioWeb.consultas(java.lang.String,java.lang.String)

consultas (Grp0001 , 18 ×)

public abstract java.lang.String ws.ServicioWeb.hello(java.lang.String)

Vemos claramente a resposta à nossa pergunta.

```
java.lang.String  Grp0001
java.lang.String  18

Method returned

java.lang.String  "<div class="alert alert-info" role="alert">First Name: Adriana Last Name: Bustamante Age: 19</div><div class="alert alert-info" role="alert">First Name: Carlos Last Name:
Castillo Age: 21</div><div class="alert alert-info" role="alert">First Name: Juan Last Name: Riquelme Age: 22</div>"

SOAP Request

<?xml version="1.0" encoding="UTF-8"?><S:Envelope xmlns:S="http://schemas.xmlsoap.org/soap/envelope/" xmlns:SOAP-ENV="http://schemas.xmlsoap.org/soap/envelope/">
    <SOAP-ENV:Header/>
    <S:Body xmlns:ns2="http://WS/">
        <ns2:Consultas>
            <group>Grp0001</group>
            <age>18</age>
        </ns2:Consultas>
    </S:Body>
</S:Envelope>

SOAP Response

<?xml version="1.0" encoding="UTF-8"?><S:Envelope xmlns:S="http://schemas.xmlsoap.org/soap/envelope/" xmlns:SOAP-ENV="http://schemas.xmlsoap.org/soap/envelope/">
    <SOAP-ENV:Header/>
    <S:Body xmlns:ns2="http://WS/">
        <ns2:ConsultasResponse>
            <return><div class="alert alert-info" role="alert">First Name: Adriana Last Name: Bustamante Age: 19</div><div class="alert alert-info" role="alert">Fi
        </ns2:ConsultasResponse>
    </S:Body>
</S:Envelope>

¿Quieres que Autocompletar recuerde entradas de formularios web?   Obtener mas información acerca de Autocompletar      Sí    No    x
```

Parabéns por ter criado o seu primeiro serviço web para consultas de uma ontologia.

A seguir, mostraremos a utilização e funcionamento de uma aplicação web que fará uso dos recursos do nosso Serviço Web.

Foi criada uma aplicação web java muito básica com o único objectivo de consumir o serviço web criado anteriormente, pois esta aplicação web foi criada com um servlet para tratar todos os pedidos e parâmetros enviados pelo utilizador e fazer a ligação ao serviço web, este servlet é também responsável por armazenar a resposta devolvida pelo serviço web e pintar uma página com a resposta da consulta.

Esta aplicação web também tem um index.jsp (JSP=Java Server Page) que nos mostrará a página inicial quando executarmos a nossa aplicação web, e também nos permitirá fazer pedidos ao nosso servlet.

Este seria o nosso resultado.

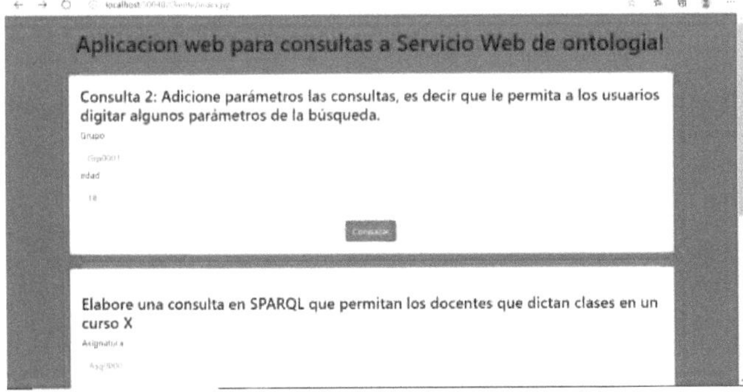

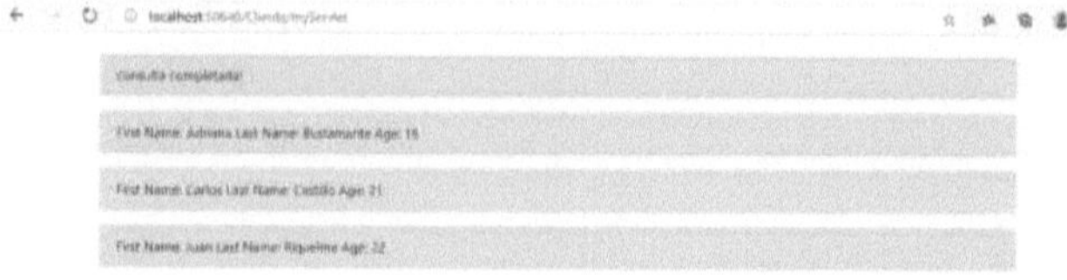

Livraria usada:

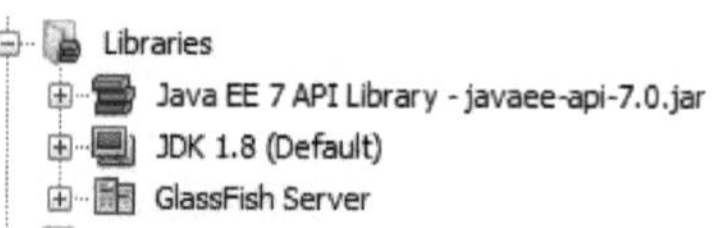

Hierarquia de classes e ficheiros:

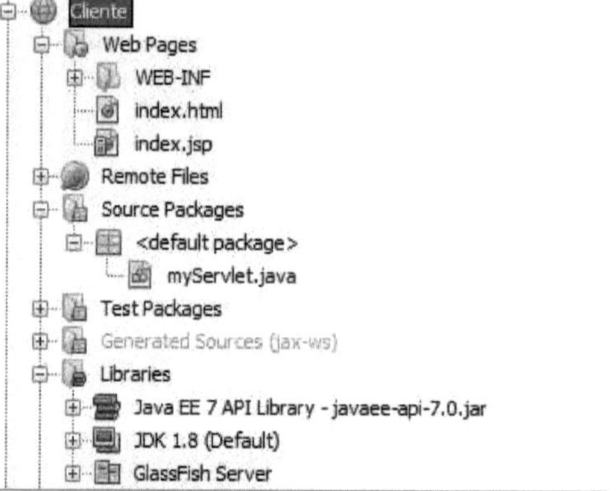

Referências

Chen, H., Finin, T., Joshi, A (2003), An Ontology for Context Aware Pervasive Computing Environments. The Knowledge Engineering Review, vol. 18, no. 03, pp. 197 a 207

Chen, H., Perich, F., Finin, T. , Joshi, A, (2004), SOUPA: Ontologia Padrão para Aplicações Ubíquas e Pervasivas. Em Sistemas Móveis e Ubíquos: Networking and Services, MOBIQUITOUS 2004, pp. 258 a 276. IEEE

Wang, X.H., Zhang, D.Q., Gu, T., Pung, H.K, (2004), Ontology Based Context Modeling and Reasoning using OWL. In Pervasive Computing and Communications Workshops, 2004, pp. 18a 22. IEEE

Strang, T., Linnhoff-Popien, C., Frank, K.: CoOL, (2003), A Context Ontology Language to enable Contextual Interoperability. Em 4th Int. Conf. on Distributed Applications and Interoperable Systems, pp. 236 a 247. Springer, Berlim Heidelberg

Klyne, G., Reynolds, F., Woodrow, C., Ohto, H., Hjelm, J., Butler, M.H., Tran, L, (2004), Composite Capability/Preference Profiles (CC/PP): Estrutura e Vocabulários 1.0. Recomendação do W3C. http://www.w3.org/TR/CCPP-struct-vocab/Gu,

T., Wang, X.H., Pung, H.K., Zhang, D.Q.: (2004),. Um modelo de contexto baseado na ontologia em ambientes inteligentes. In Proceedings of communication networks and distributed systems modeling and simulation conference, pp. 270 a 275 (2004).

Xu, N., Zhang, W.S., Yang, H.D., Zhang, X.G., Xing, X, (2013), CACOnt: um modelo baseado em ontologia para modelagem de contexto e raciocínio. In Applied Mechanics and Materials, Vol. 347, pp. 2304 a 2310

Van Heijst, G., Schreiber, A. T., & Wielinga, B. J. (1997). Utilização de ontologias explícitas no desenvolvimento da SBC. *International journal of human-computer studies*, *46*(2-3), 183-292.

Mizoguchi, R., Vanwelkenhuysen, J., & Ikeda, M. (1995). ontologia de tarefas para a reutilização de conhecimentos de resolução de problemas. *Rumo a Bases de Conhecimento Muito Grandes: Knowledge Building & Knowledge Sharing, 46, 59.*

Xiang, Z., Courtot, M., Brinkman, R. R., Ruttenberg, A., & He, Y. (2010). OntoFox: suporte baseado na web para reutilização de ontologias. *BMC research notes*, *3*(1), 175.

Jimeno-Yepes, A., Jiménez-Ruiz, E., Berlanga-Llavori, R., & Rebholz-Schuhmann, D. (2009). Reutilização de recursos terminológicos para uma engenharia ontológica eficiente em Ciências da Vida. *BMC bioinformática*, *10*(10), S4.

Uschold, M., & King, M. (1995). Towards a methodology for building ontologies (pp. 15-30). Edimburgo: Instituto de Aplicações de Inteligência Artificial, Universidade de Edimburgo.

Fernández-López, M. (1999). Visão geral das metodologias de construção de ontologias.

J. F. Allen. Para uma Teoria Geral das Acções e do Tempo. Inteligência Artificial 23:123-154, 1984.

Zhou, Q., & Fikes, R. (2002). Uma ontologia de tempo reutilizável. Em *continuação do Workshop da AAAI sobre Ontologias para a Web Semântica*.

García, A. M. F., Alonso, S. S., & Sicilia, M. A. (2006). Uma ontologia em OWL para a representação semântica de objectos de aprendizagem. No *V Simpósio Pluridisciplinar sobre Concepção e Avaliação de Conteúdos Educativos Reutilizáveis (SPDECE 2008)*.

SparQL https://www.w3.org/TR/rdf-sparql-query/

SWRL https://www.w3.org/Submission/SWRL/#4

Execução de consultas em SWRL https://protege.stanford.edu/conference/2007/slides/08.01_OConnor.pdf

I want morebooks!

Buy your books fast and straightforward online - at one of world's fastest growing online book stores! Environmentally sound due to Print-on-Demand technologies.

Buy your books online at
www.morebooks.shop

Compre os seus livros mais rápido e diretamente na internet, em uma das livrarias on-line com o maior crescimento no mundo! Produção que protege o meio ambiente através das tecnologias de impressão sob demanda.

Compre os seus livros on-line em
www.morebooks.shop

KS OmniScriptum Publishing
Brivibas gatve 197
LV-1039 Riga, Latvia
Telefax: +371 686 204 55

info@omniscriptum.com
www.omniscriptum.com

Printed by Books on Demand GmbH, Norderstedt / Germany